Bernard Gustau

Esclarmonde de Boismirail

Bernard Gustau

Esclarmonde de Boismirail

Histoire d'une femme dans les temps troublés du Moyen Âge en Occitanie

Éditions Muse

Imprint

Cover image: www.ingimage.com

Publisher:
Éditions Muse
is a trademark of
Dodo Books Indian Ocean Ltd., member of the OmniScriptum S.R.L Publishing group
str. A.Russo 15, of. 61, Chisinau-2068, Republic of Moldova Europe
Printed at: see last page
ISBN: 978-620-2-29986-2

ESCLARMONDE DE BOISMIRAIL

1180-1242

Histoire d'une femme dans les temps troublés du Moyen Âge en Occitanie

CHAPITRE 1

L'ENFANCE

1180-1192

SAMEDI 12 JANVIER 1180

Un petit cri….

Puis un autre, plus affirmé !

Ça y est !!! Les premiers vagissements du bébé viennent de retentir ! Toute la maisonnée, qui durant cette longue nuit d'hiver a attendu ce moment pousse un sincère soupir de soulagement ! En ce milieu de matinée, la chape d'inquiétude qui étouffait le château se dissout dans la lumière des rayons timides du soleil hivernal. Avec beaucoup de difficultés, Marguerite de Boismirail a enfin mis bas son quatrième enfant. Le père, le Baron Guy, homme de guerre rude et bourru, attendait avec impatience, et aussi une pointe d'appréhension, la délivrance de son épouse.

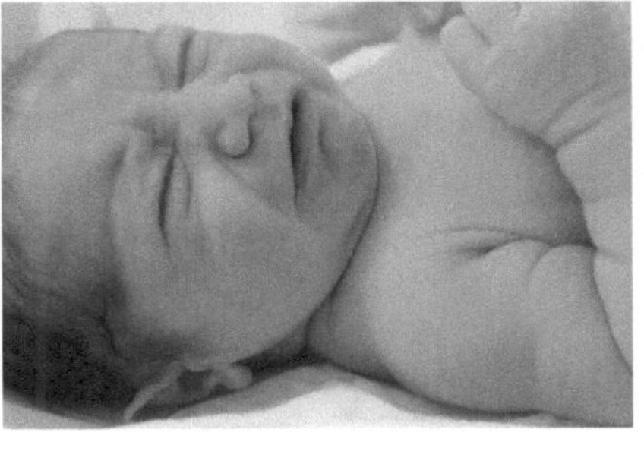

Une fille ! Brunegude, la miresse du village sort en trombe de la chambre, portant un plat de terre cuite où se trouve, vaguement enveloppé dans des linges sanglants, le placenta qu'elle se doit d'enterrer rapidement dans le carré des simples !

C'est une fille ! Toute à sa joie de voir que tout s'est bien déroulée, que mère et enfant se portent comme des charmes, elle clame dans tout le château la bonne nouvelle.

C'est une petite « Esclarmonde » ! C'est une petite « Esclarmonde » !!!

Elle s'incline rapidement devant le Baron qu'elle a failli bousculer à l'angle du couloir et continue sa course en vociférant. Elle est heureuse car c'est elle qui a suivi Marguerite depuis son mariage. A chaque fois qu'elle a été grosse….

Rassuré, le Baron Guy se précipite au chevet de son épouse. Elle lui sourit malgré sa fatigue et lui montre du doigt le petit berceau où s'agite l'enfançon. Il la regarde avec tendresse, son visage éclairé par un large sourire. Après son premier fils, Ferdinand, âgé déjà de six ans, de Géraude, sa fillette de quatre ans et son petit Arnald qui, du haut de ses deux ans, tyrannise la pauvre Ermessinde, sa nourrice et servante qui l'idolâtre, il n'est pas mécontent de l'arrivée de cette petite poupée qu'il pourra aussi faire sauter sur ces genoux. Il l'observe, n'osant pas encore la prendre dans ses larges mains.

Elle a dans les yeux ce regard profond des filles du Sud. Il ose passer un doigt léger dans le cou tout frêle du bébé, là où la peau est si douce et il est remercié par un petit vagissement de plaisir. Esclarmonde le fixe et il croit reconnaître dans ce regard cette lueur attentive et incisive des seigneurs de Mirepoix, héritage de sa mère. Il se penche pour la saisir et déjà, il sent le petit corps se raidir. Elle n'est que baronne, mais il lui parait qu'elle a déjà le port de tête d'une princesse. Il s'attendrit en sentant comme la petite est fine et délicate, elle lui fait penser à une brindille.

Le baron vient de rentrer de chez son cousin et suzerain, Jean de Haut-Castel, Comte de Lodève, après que lui et ses chevaliers aient effectué les quarante jours de service annuel dans l'Ost de ce dernier. Il va pouvoir se consacrer désormais à sa baronnie de Boismirail, et à sa petite fille.

Il est apprécié des paysans et des artisans de son village pour sa justice et sa tolérance. Sa terre est riche et plusieurs faydits apprécient de pouvoir rejoindre sa cour après que leurs biens aient été confisqués par quelques seigneurs venus du Nord pour combattre sous la bannière du Pape, les nouvelles croyances qui se développent dans toute l'Occitanie et jusqu'au-delà du Comté de Toulouse, dans les terres d'Aquitaine. Son village grossit, d'année en année car, avec les nobles arrivent aussi des paysans et des artisans fuyant les combats. Le baron Guy est peu enclin à fréquenter les prêtres et les églises, même s'il est catholique et non cathare, mais sa tolérance et sa générosité sont connues de tous. Son domaine lui fournit grain, farine, pain, bœufs, moutons ou agneaux, cochons, fourrage en quantité. Il perçoit aussi des impôts en argent pour payer les charges diverses liées au fonctionnement de son château, pour acheter des vêtements, des chevaux ou appointer ses gens, domestiques et militaires. Sans être très riche, il est très aisé, mais il est aussi généreux.

Ayant reposé délicatement le nourrisson dans son berceau, il quitte la pièce et se rend à l'écurie où il sait pouvoir trouver ses enfants pour leur annoncer l'arrivée de leur petite sœur.

Malgré le froid assez vif, le bourg est en pleine effervescence. Le travail sur l'élévation des murailles, entrepris depuis l'été, a fait venir de presque tout le comté des artisans bâtisseurs, charpentiers, maçons, tailleurs de pierre, s'activent sous la conduite du maître d'œuvre, Jean de Noiyant, dont la réputation dépasse depuis longtemps les frontières du petit pays de Laguépie. Leurs cabanes, lieu de vie et de stockage de leurs outils forment une sorte de hameau autour de la forge. Au passage du Baron, tous les compagnons s'arrêtent pour le saluer chaleureusement, un sourire éclairant un court instant leurs visages burinés. En arrière-plan, à travers les derniers pans de la brume matinale, on distingue les maisons des torchis, toutes accolées les unes aux autres, comme pour se réchauffer mutuellement.

C'est là que vivent les familles de paysans, dormant avec leurs animaux. Dans la grande pièce centrale, au sol de terre battue, flottent des fragrances mêlées de soupes de pois ou de fèves, de bouillies de céréales et de pain noir. Contre les parois, on trouve d'épaisses paillasses qui permettent de dormir, isolé du froid. Plus loin, se dessinent les silhouettes de maisons plus vastes, demeures des artisans plus aisés, dont les échoppes sont alignées dans l'ancienne cour du château, formant une ruelle de commerçants, avec des tanneurs, des merciers ou des orpailleurs, ainsi qu'un cordonnier, un fabricant de savon, un pelletier, un tisserand, un tonnelier. Au loin, il aperçoit un homme consolidant l'enclos d'une soue à pourceaux. Une femme chaudement vêtue, assise près de l'enclos semble tresser des paniers devant un épais buisson de ronces, tenant compagnie à son homme. Le Baron a l'impression de sentir l'odeur du lisier qui doit stagner autour de la masure.

Aujourd'hui, c'est jour de marché. Dans la grande plaine, derrière le château, autour du four seigneurial, prédomine un désordre bon enfant.

Les colporteurs, verriers, céramistes, herboristes et fabricants de savon venus de toute la région, sont arrivés avec mules et charrettes pour transporter leurs marchandises jusqu'aux étals. Il y a même un orfèvre dont le comptoir montre son savoir-faire à travers des colliers, des bijoux d'oreilles, des broches et des boucles de ceinture que seuls les plus riches pourront acheter. C'est ainsi tous les deuxièmes samedis de chaque mois et chacun, a sein de ce joyeux tumulte affiche sa bonne humeur. Le vent, bien qu'encore très frais, semble se réchauffer de fragrances suaves et bigarrées.

Le Baron est fier d'avoir réussi à conserver, et même à faire se développer cette petite manifestation mensuelle, créée par son père, Georges de Boismirail, que tout le monde appelait affectueusement « Pairastre Georges ». Il fut tué, il y a des années maintenant en défendant, l'épée à la main, un de ses serfs aux prises avec de prétendus chevaliers de langue d'oïl, venus préserver l'église du Christ en Occitanie. Cette foire a permis de grands progrès et la découverte de nouvelles techniques dont ses sujets ont su profiter.

L'antique araire a pratiquement disparu au profit du socle incurvé qui offre la possibilité de travailler de plus grands espaces avec moins de fatigue. Les défrichements ont permis d'étendre les surfaces cultivables en repoussant les bois aussi loin que le relief le permettait.

Les terres ainsi conquises sur la nature se sont révélées de très bons rapports. Les surfaces disponibles ont permis la jachère, améliorant encore le rendement. Ces terres en sommeil de culture permettent aussi aux paysans de faire paître leurs propres animaux, moutons, chèvres. On y trouve même quelques poules.

L'arrivée du collier d'épaule a permis de remplacer les lourds attelages de bœufs par des chevaux de traits, plus dociles et aussi forts. Les paysans ont aussi appris comment apprivoiser un peu les quelques petits marais pour éviter les périodes de sècheresse. Le blé peut grandir grâce à l'arrosage. Couper à mi-hauteur pendant la récolte, ses gerbes séchées donneront froment et paille pour tout l'hiver.

Lorsque le Baron arrive aux écuries, un roncin s'ébroue et piaffe d'impatience en le voyant. Dans le petit espace intérieur, il trouve Ferdinand qui, du haut de ses six ans, parade sur Tavel, son poney. Simian, un jeune page, chargé d'apprendre aux garçons les rudiments de l'équitation et du maniement des armes, joue avec Géraude, la fillette de quatre ans. Il lui apprend avec patience à guider son propre poney, le doux Jordi. Il règne ici une ambiance de bienveillance, grâce à Pierre de Lagueyte, le maître d'armes et commandant les troupes de Boismirail. Il est bon pour les enfants de grandir en sentant la confiance que les adultes leur accordent. Le petit Arnald se lève du petit tas de paille qu'il était en train de remodeler sous l'œil de sa nourrice, Ermessinde, pour clopiner vers son père en lui tendant les bras. Le Baron se penche et cueille le petit au passage pour aller voir Flèche, son splendide alezan noir qui l'accueille avec plaisir en griffant le sol de son box avec ses antérieurs.

Au fond de lui, Le Baron est très fier de ses enfants. Il apprécie de les voir aider pour les petites tâches du château, de les suivre lorsqu'ils découvrent avec leurs maîtres les joies de l'équitation, de la lecture ou de sport comme le javelot ou le tir à l'arc. Il n'hésite pas à tirer quelques bateaux de bois ou de petites charrettes au bout d'une ficelle avec Arnald, pendant que Géraude lui explique comment elle habille sa poupée de cotte avant de lui faire la dinette. Il imagine ses garçons devenir pages, puis écuyers auprès de chevaliers de sa cour, avant d'être eux-mêmes adoubés à leur tour. Il regarde aussi, avec intérêt, les petits de ses paysans qui aident aux travaux des champs ou qui apprennent des métiers comme sabotier ou couturière avec les artisans de Boismirail, partageant leur temps avec celui des activités agricoles nourricières. Il est heureux de voir toute cette joyeuse bande courir dans la cour du château. Les couleurs vives de leurs cyclas ou leurs chainses égayent la vie de rouge, de jaune ou de vert. Il leur distribue parfois quelques cents, parfois du pain et du lait. Il n'exige que peu de choses de ses serfs qu'il connait tous par leurs noms et il est très respecté, lui et les siens faisant quasiment parti de leurs familles. Il n'ignore évidemment rien du braconnage que certains d'entre eux pratiquent assidument pour améliorer par un peu de viande leur maigre ordinaire, mais il ne dit rien et ferme les yeux sur ce petit chapardage sur ses terres.

Brunegude, elle, creuse un petit trou dans le jardin des simples du château pour enterrer le placenta de la petite. Elle est ici chez elle, près

de la petite maison qu'elle habite et qui sert d'entrepôt pour ses plantes, de lieu de consultation pour les malades, de point de vente des remèdes qu'elle sait confectionner pour soigner et pour guérir, tous les grands maux et petits bobos du village. Elle est à la fois, médecin, apothicaire, accoucheuse et herboriste. Elle a eu très peur quand Madame est à nouveau, devenue grosse car la fois précédente, elle a fait une fausse couche. Pour cette nouvelle grossesse, elle n'a rien négligé des savoirs transmis par ses pairs. Elle a exigé que tous les nœuds présents au château soient défaits depuis la veille pour que le cordon ne s'enroule pas autour du cou du fœtus.

Elle a consciencieusement reniflé l'haleine de Marguerite, guettant dans celle-ci des indications sur la qualité du travail en cours. Le soir venu, elle a fait prendre à la baronne un bain de fenouil et de lin, de camomille et de mauve pour que celle-ci soit bien détendue. Elle a fait réaliser des fumigations entre les jambes de la baronne pour relaxer les muscles des cuisses. Enfin, elle a enduit ses mains d'huile de laurier pour masser l'utérus de la Baronne, dilatant son col et positionnant correctement l'enfant à naître. Au dernier moment, juste avant l'instant fatidique, elle a fait renifler à la parturiente des poudres de poivre pour qu'en éternuant, cela contracte ses abdominaux et expulse l'enfant rapidement depuis sa position accroupie sur le lit. L'enfant est né coiffé ce qui est un bon présage.

Elle a alors coupé le cordon à quatre doigts du nombril, ainsi qu'on le lui a montré, rendant ainsi hommage aux quatre saisons et aux quatre âges de la vie. Elle le fera sécher pour en sortir des onguents. Elle a soigneusement nettoyé toutes les glaires avec une macération de miel salé et de pétales de rose avant de le poser entre les bras de sa mère, tout emmaillotté de bandes de lin. Elle a alors fait sortir la secondine qu'elle est en train d'enterrer pour définitivement éloigner les démons de l'enfant.

DIMANCHE 13 AVRIL 1180

L'enfant est superbe et babille joyeusement dans son petit berceau sous le regard attendri de Marguerite. Ce jour est un jour particulier ! Il y a si longtemps qu'elle ne s'est pas sentie exister. Il y a si longtemps qu'elle ne s'est pas levée le matin avec, au cœur, cette joie, il y a si longtemps qu'elle n'a pas ressenti la douceur de l'air sur son visage. Elle va pouvoir retrouver une vie sociale, une vie tout simplement ! Et, à Dieu ne plaise, si Guy le désire, redevenir la femme de son mari après cette longue période de quatre-vingt jours pendant laquelle elle était impure. Si Esclarmonde avait été un petit garçon, attendre quarante jours auraient suffi pour célébrer les relevailles, mais pour une fillette, le délai était deux fois plus long. Pendant tout ce temps, elle a vécu en recluse, ne pouvant pas quitter ses appartements en raison de la double souillure du sang placentaire et du sang menstruel qui a contraint l'Eglise à prendre cette mesure de protection. Elle n'a pas pu assister au baptême d'Esclarmonde et c'est Albine, sa dame de compagnie qui lui a fait vivre par ses mots évocateurs, la cérémonie. Elle lui a raconté comment la petite, le lendemain de sa naissance, endormie dans les bras de Brunegude, la sage-femme arriva à la chapelle du château. A la porte de celle-ci, encadrée par Tristan de Bray, Chevalier de Naucelle, son parrain, la baronne Jehanne de Réquista, sa marraine et son père, elle a reçu le geste symbolique de la croix dessinée sur le front par l'abbé Jérôme. Le petit groupe a pu pénétrer dans le bâtiment où l'enfant fut immergée dans l'eau bénite de la cuve baptismale. Le prélat prononça alors les trois exorcismes, et c'est une petite Esclarmonde, trempée, hurlante et rouge de colère devant ce traitement qui devint une enfant de Dieu. Marguerite sourit à cette évocation, imaginant la fierté de Guy.

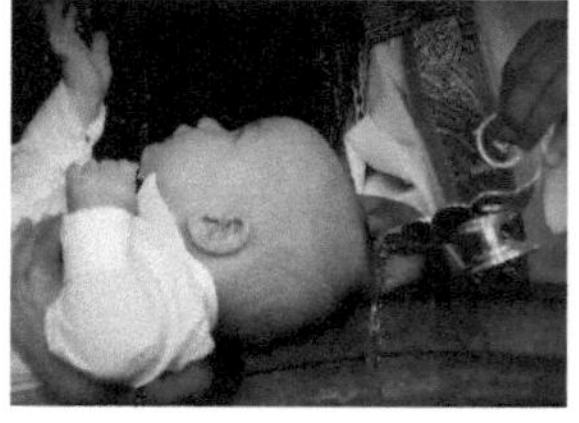

La pensée que son mari puisse à nouveau la désirer la trouble. Il est vrai qu'une grande intelligence s'est développée entre eux au cours des dix ans de leur union. Malgré que leur mariage ait été arrangé par leurs parents dans une alliance où l'amour n'avait pas sa place, celui-ci s'était invité dans leur relation. Ils partagent maintenant une grande complicité de corps et d'âmes. Il lui semble entendre cette voix qui l'a charmée, une voix grave adoucit par un accent un peu chantant. Elle imagine son regard devenant malicieux en se posant sur elle et elle se sent rosir. Ses mains tremblent doucement d'une sorte de désir.

Des ondes délicieusement condamnables réchauffent ses cuisses et son giron. Elle se plante devant sa glace et regarde d'un air critique son corps nu. Certes, il est un peu déformé par ses grossesses successives, mais elle est sportive et robuste et à vingt-huit ans, ses chairs sont encore fermes. Un peu gênée par l'indécence de cette pensée, elle s'avoue qu'elle se trouve encore un peu séduisante.

S'ébrouant mentalement pour chasser toute sa lubricité, elle appela sa dame de compagnie pour qu'elle l'aide à s'habiller.

Marguerite, Brunegude, la sage-femme, portant Esclarmonde dans ses bras, accompagnée par la baronne Jehanne de Réquista, marraine de la petite et de quelques paysannes, particulièrement attachées à la famille se rendent alors à la chapelle castrale. L'abbé Jérôme tout de blanc vêtu les attend sur le parvis et récite une première prière à leur arrivée. Puis, il remet à Marguerite le cierge en cire d'abeille qu'elle devra porter pendant toute la cérémonie. En cortège, ils pénètrent alors à l'intérieur de l'édifice où les hommes, qui attendaient, se lèvent à leur passage.

La messe est célébrée et l'abbé distribue la communion aux fidèles agenouillés. A la fin de l'office, le prélat déleste Marguerite du cierge de cire et il la bénit, confirmant par ce geste son retour dans la communauté paroissiale et la fin de ses relevailles. Le baron Guy prend la parole pour remercier l'abbé de sa venue au château et il invite tout un chacun à partager le repas qu'il fait servir dans la cour du château où des tables ont été dressées.

En ce jour de fête, tous les gens du village se pressent donc pour ce repas. De nombreux plats sont positionnés pour que les convives se servent dans un bien sympathique désordre avant d'aller s'asseoir. Le soleil est de la partie et la chaleur commence à se faire sentir.

Les femmes sont court-vêtues et, le vin blanc non coupé d'eau, le vin d'anis, de sauge ou de romarin rend les regards plus égrillards. Tout un chacun goûte cette belle offensive du printemps. Les récoltes seront abondantes et autour des tables d'en bas, les conversations vont bon train, chacun pronostiquant les rendements à venir. Les hommes parlent forts et les femmes minaudent un peu.

Assise à la droite de son mari à la haute table, elle contemple avec plaisir les gens de son village qui, manifestement, savourent ce moment hors du temps. Elle n'écoute que d'une oreille distraite l'abbé Jérôme qui, sous l'action de l'Hypocras, récite, d'une voix un peu incertaine, quelques paraboles.

Le baron se penche vers elle et lui glisse à l'oreille : « Mange, ma femme, tu vas avoir besoin de forces ». Un sentiment de bonheur l'envahit lorsqu'elle comprend la signification de cet aparté. « Je ne compte pas me repentir d'être à nouveau une femme » lui répondit-elle d'un air espiègle. Elle espérait ce tête-à-tête depuis presque trois mois. Soudain, cet après-midi lui apparait riche de senteurs printanières, de promesses, d'espoirs. Sa vie reprend sens et elle a hâte que les musiciens qui jouent pour égayer ce petit banquet s'arrêtent. Qu'elle puisse se retirer dans l'ombre de sa chambre. Elle sait maintenant que son Baron de mari nourrit la même impatience.

Après une éternité, elle peut enfin saluer la baronne Jehanne et le Chevalier Tristan de Bray, quitter la table et rejoindre son logis. Elle s'installe devant sa coiffeuse et renvoie Albine, sa dame de compagnie. A peine seule, elle entend le pas discret de son mari qui entre dans la pièce. Elle distingue clairement le petit grincement de l'huis qui se referme et elle sent les mains de son époux peser tendrement sur ses épaules.

Il dénoue la large tresse de ses cheveux puis, il les soulève délicatement pour déposer un baiser sur sa nuque. Elle se sent frissonner comme si c'était encore la première fois. Elle tremble de plaisir anticipé. Les mains se font plus insistantes, cherchant sa peau. Ecartant les étoffes, elles remontent délicatement sur ses flancs dénudés, et atteignent ses seins lourds. Ses doigts s'emparent des tétons déjà dressés, déjà vaincus. Elle tourne la tête vers lui et trouve ses lèvres. Ses reins s'enflamment et elle s'abandonne avec volupté à ses ardeurs…

DIMANCHE 30 MARS 1186

La petite Esclarmonde a maintenant six ans et c'est depuis sa petite chambrette qu'elle entend se mettre en place la grande cérémonie du jour ! Son grand frère Ferdinand a maintenant douze ans et il va devenir page au Comté de Jean de Haut-Castel, son suzerain. Et elle ne pourra pas y assister ! Depuis jeudi, Brunegude, la miresse lui a interdit de quitter la pièce. Ses yeux sont devenus très rouges et larmoient sans cesse, son nez coule et elle subit une toux rauque qui lui irrite la gorge.

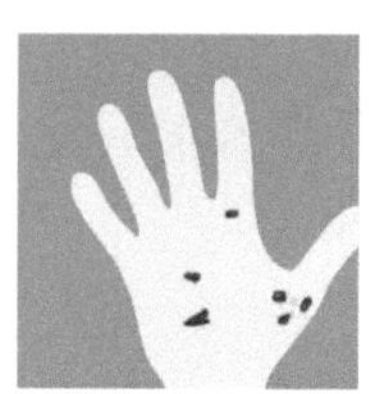

Son front, ses bras et ses jambes maigrelettes sont couvertes de taches rouges avec un point blanc en leur centre. De toute façon, elle n'aurait pas pu apprécier la fête car elle est épuisée. Elle a maigri car manger augmente l'irritation de sa gorge. Grâce aux connaissances des plantes de l'apothicaire, sa maman n'a plus enfanté, elle reste « la petite dernière ». Elle mérite plus que jamais le surnom affectueux de « Brindille » dont son papa l'a affublée.

Dans la cour du château, le jeune Ferdinand est juché sur son nouveau cheval, Jubal, un très beau frison avec une splendide et rare robe cuivrée, aussi vif que l'était Flèche, le superbe andalou alezan de son père. Avec les conseils de Simian, et surtout de Pierre de Lagueyte, il a réussi à débourrer le jeune pur-sang. Aujourd'hui, une grande complicité s'est installée entre le garçon et l'animal. Un regard extérieur ne permettrait pas de déterminer qui, de l'enfant ou du cheval, est le plus fier et le plus impatient de se mettre en route.

Un peu à l'écart, le baron sourit en les regardant et il est fier de son fils. Il est arrivé à un moment important de sa vie et va devoir apprendre à vivre au service d'un étranger à sa famille, dans une autre maison que celle où il a toujours vécu pour apprendre à devenir un écuyer. Il devra s'occuper des chevaux, palefrois et destriers. Il assistera un des Chevaliers du Comte dans les tournois et découvrira les métiers des armes. Grâce à son travail, son assiduité et bien sûr son talent, il pourra alors être adoubé.

Par la fenêtre de sa chambre, Esclarmonde regarde son frère quitter la cour du château accompagné par le baron et le maître d'armes pour rejoindre le château de Haut-Castel et la cour du Comte Jean, le suzerain de Guy de Boismirail. Certes, elle est fière de son grand frère, il est si beau, il est si fort ! Pourtant, cela elle sent grandir dans son ventre une espèce de boule qui l'empêche presque de respirer et des larmes brulantes coulent silencieusement le long de ses joues fiévreuses. Elle ne pourra plus jouer et rire avec lui avant longtemps

CHAPITRE 2

L'ADOLESCENCE

1192 - 1198

DIMANCHE 12 JANVIER 1192

Dans la lumière frêle et fraîche de ce petit matin, on entend dans le lointain le cri d'une chouette. Sa façon de déchirer le silence feutré du village encore endormi à quelque chose de sinistre.

La petite brindille a bien grandi ! Depuis l'an dernier, son sang a coulé et elle n'est plus une enfant. Son corps s'est épanoui et elle s'est un peu assagie. Finie la petite sauvageonne échevelée qui courait pieds nus avec les autres enfants du village, au milieu de fous-rires, de cris joyeux et de grandes bousculades. Entraînée par son grand frère Arnald, elle rendait folle la pauvre Ermessinde qui essayait de les suivre et qui devait ensuite les récurer de la tête aux pieds pour ôter la gangue de boue qui les enveloppait. Finies les courses folles à travers la campagne et parfois les cultures sur le pauvre Argos, son âne difficilement maîtrisé par cette jeune maîtresse qui jouait à la conquérante, armée d'un bout de bâton brandi comme une épée sous les regards parfois furieux, mais au fond bienveillants et amusés des paysans travaillant dans leurs champs.

Autant sa grande sœur Géraude avait été une enfant calme et posée, jouant à la dinette dans un coin de sa chambre et fuyant les autres enfants, autant Esclarmonde était un vrai garçon manqué, grimpant aux arbres pour déguster les fruits, déambulant partout avec les autres petits garnements du village. Filles ou garçons, jeunes nobles, paysans, ou apprentis artisans, tous crapahutaient ensemble dans des raids mémorables à travers bois et marais. En septembre, ils couraient dans les vignes, se gavant jusqu'à avoir mal au ventre de raisins juteux, tachant leurs bliauts de larges auréoles de sucre.

Aujourd'hui, ses joues rosissent sous la morsure du froid. Le ciel clair renforce ses sensations et elle observe un moment des lambeaux de nuages blanchâtres qui semblent jouer entre eux poussés par un vent coupant qui fait voler les petits flocons de neige tombés pendant la nuit. Le sol est comme habillé d'un mince tapis de froid.

C'est son anniversaire ! Douze ans ! Lorsqu'elle va pour prendre place à la table du repas, près de la cheminée rassurante, elle est surprise par la présence de nouveaux venus installés autour du Baron Guy et de sa maman. Elle s'approche et son père en profite pour lui présenter une jeune femme à l'air doux qui sera désormais sa dame de compagnie. Les deux femmes se dévisagent brièvement. Elles se jaugent avant qu'Arnelle ne s'incline légèrement pour saluer une Esclarmonde un peu surprise. Son père, tout sourire, lui désigne alors la fenêtre d'un petit signe discret. Dehors, elle découvre un petit cheval à la robe très claire attaché un peu à l'écart, sous un petit auvent qui le protège du froid. Sa silhouette est plutôt trapue et sa tête est allongée avec ses oreilles courtes et sa base assez large. Une abondante crinière recouvre une encolure assez harmonieuse. Esclarmonde, bouche ouverte, le dévore des yeux. Elle boit du regard sa croupe pleine, ses jambes musclées et sa queue fournie. Avant qu'elle ait pu retrouver l'usage de la parole, le Baron lui glisse gentiment : « Je te présente Midas, il remplacera le brave Argos. Ce pauvre âne mérite une vie paisible après tout ce que tu lui as fait endurer ». Oubliant tout, froid, repas, famille, étranger, la jeune, désormais femme, se précipite vers la porte et rejoint son nouveau compagnon camarguais. Elle lui parle avec douceur et passe doucement sa main sur sa poitrine large et profonde, sur ses flancs développés. L'animal frémit sous la caresse et offre ses naseaux à sa jeune maîtresse. Après un moment passé à faire connaissance, Esclarmonde, frigorifiée mais si heureuse, revient dans la salle à manger et remercie son père en se calant sans pudeur contre son torse solide. J'ai encore une personne à te présenter, lui dit-il en désignant un homme d'une trentaine d'années. Il la scrute avec une intensité qui la met un peu mal à l'aise. « Voici Arnaud, il sera le pédagogue qui veillera sur toi et qui a la charge de t'enseigner plus profondément tout ce qu'une femme de ton rang doit connaître ».

L'homme s'incline légèrement devant elle, sans la quitter de son regard inquisiteur. Un peu désarçonnée par toutes ces choses nouvelles dans sa vie, Esclarmonde prend place à la table et reste silencieuse pendant tout le repas. A la fin de celui-ci, elle salue ses parents, son précepteur et se retire dans sa chambre, suivie par Arnelle, sa nouvelle dame de compagnie. Elle est restée la petite dernière de la fratrie. Sa mère, Marguerite, n'a plus été grosse après elle. Il est probable que la bonne connaissance des plantes par l'apothicaire ne soit pas complètement étrangère à cela. Elles ont eu si peur que la naissance d'Esclarmonde présente des difficultés que la baronne à demander l'aide de Brunegude pour que disparaisse ce risque.

SAMEDI 17 AVRIL 1193

Esclarmonde ouvre les yeux, réveillée par un froid insidieux qui se glisse sous sa chainse. Lorsqu'elle regarde dehors, elle voit des flaques de boues sur la terre détrempée, comme si les nuages avaient fait pousser des mares pour barrer les chemins. Contrairement aux autres jours, elle ne voit pas de bandes d'enfants jouant dans les venelles, ni d'animaux errant à la recherche de quelques nourritures. Après le bruit tambourinant de la giboulée, une espèce de bruine mouille le paysage et absorbe tous les bruits. Elle pense en souriant que c'est un mal pour un bien car le village ressortira comme lavé et les semences seront arrosées par le ciel, épargnant cette corvée aux paysans.

Lorsqu'elle descend, à la grande table, se trouvent déjà installé l'Abbé Jérôme et un autre prélat qui porte sur lui le costume des religieux de monastère, habit et scapulaire blanc, surplis de lin et chape de laine noire. Il promène sur l'assistance un regard où se lit l'absolue certitude de sa supériorité. Esclarmonde se crispe imperceptiblement et instinctivement lui tourne le dos en saluant ses parents. Le Baron, solennellement lui présente cet antipathique personnage.

« Ma fille, voici le Père Prieur Antoine, du prieuré de Tourtoirac, c'est sous sa responsabilité que sera désormais placé ton frère Arnald ».

L'homme sourit de façon obséquieuse en inclinant doucement la tête et Esclarmonde esquisse rapidement un petit signe de salut. Une main aussi glacée que le temps vient de serrer son cœur. Certes, son grand frère a choisi cette voie plutôt que celle des armes, mais pour une raison qu'elle ignore encore, quelque chose en elle se verrouille contre ce personnage qu'elle sent hypocrite et dangereusement manipulateur. Les yeux baissés pour ne pas croiser ce regard, elle prend son repas en silence. Quand elle lève la tête, c'est pour voir sur les lèvres du moine un sourire radieux, mais dont la lippe trahit une fausse affection malsaine.

Lorsqu'elle quitte la table, son frère est en train de bâter son âne pour mettre ses quelques affaires pendant que le connétable du prieuré achève d'atteler un lourd cheval de trait au chariot baché du prieur.

Arnald lui a expliqué qu'il logera d'abord à la porte d'un couvent pendant quelques jours avant d'être admis dans le logis des hôtes et enfin, s'il persiste dans ses vœux, il aura le bonheur d'entrer dans le logement des moines où un doyen sera en charge de le former jusqu'à ce qu'il soit jugé digne de devenir novice et d'apprendre la règle. Si tout va bien, il pourra être ordonné dans moins de deux ans et sera alors formé pour tenir le rôle envié de « praecantor », le préchantre qui règle le rythme des offices, qui est aussi en charge d'enseigner aux enfants et qui assume la responsabilité du scriptorium, véritable temple de la culture. Esclarmonde sait l'attachement de son frère à la liturgie et aussi à la culture par le chant et par les livres.

Elle sait, bien sûr, qu'il pourra se réaliser à travers cette vie et probablement y être heureux. Elle est juste inquiète par rapport aux personnages qu'elle sent cruels et sans scrupules qui gravitent dans ces milieux. Arnald est un gentil naïf, un peu rêveur et idéaliste. Comment va-t-il pouvoir exister dans ces mondes clos ?

Le regardant s'éloigner avec tout son équipage vers ce lointain prieuré de la terre de Dordogne, après qu'ils se soient étreints longuement, elle se dit qu'une fois encore, elle va devoir apprendre à désaimer un grand frère. Celui-ci était si attachant avec son coté rêveur, sa candeur et sa capacité à s'émerveiller devant des choses aussi simples que le poème d'un troubadour ou la vielle d'un musicien. Il n'était pas un guerrier, n'aimait pas les armes. Mais il était un personnage amical, et il savait se faire de nombreux amis. Il respectait la parole donnée et était sensible, courageux et loyal. Il serait sûrement heureux dans cette nouvelle vie.

SAMEDI 24 SEPTEMBRE 1194

Aujourd'hui est un jour extraordinaire pour Ferdinand ! C'est le jour de ses vingt ans ! Depuis ce 30 Mars, il y a déjà huit longues années, Esclarmonde n'a pas revu son frère aine, parti au château de Lodève où il a servi Gismard de Soumont, Chevalier de Fozières. Celui-ci, patiemment lui a enseigné comment monter à cheval. Il a su l'initier au maniement des principales armes. Il lui a aussi appris à nager, à combattre, à chasser et même à peindre le portrait d'une dame. Maintenant son aîné sait aussi l'art de raconter des histoires en chantant comme un troubadour. Après avoir assisté Gismard dans de nombreux tournois au cours des cinq dernières années où il était devenu écuyer, il va aujourd'hui ferrailler pour la première fois. Il y a quelques semaines déjà que, le baron Guy lui a offert un équipement complet pour la cérémonie d'aujourd'hui. Armes, armures, bouclier, destrier et palefroi, rien n'était trop beau pour son fils. Cet après-midi, il doit participer aux duels amicaux qui vont agrémenter cette journée festive. Hier matin, juste avant l'arrivée de sa famille, il a pris le grand bain purificateur et revêtu la grande tunique d'un blanc immaculé, symbole de sa pureté, la robe rouge qui lui rappelle que son sang peut être versé, par foi et par devoir, et enfin le justaucorps noir des mortels. Ses sœurs sont impatientes de le voir, enfin, ce matin, lorsqu'il sortira de la chapelle où il a passé la nuit à prier.

Toute la famille est sur le parvis de la grande église placée sous le contrôle de l'évêque Gascelin de Montpeyroux, un personnage plus politique que religieux qui attend l'arrivée de Ferdinand pour l'entendre en confession avant de dire la messe.

Au bout de l'allée, il apparait ! C'est à peine si Esclarmonde reconnait son frère dans ce jeune homme à la carrure de guerrier. Qu'il est devenu beau ! Comme son regard est profond, un peu fiévreux, plein d'exaltation et de fierté ! Un trouble bizarre la traverse et elle se mord discrètement les lèvres pour le juguler et s'assurer qu'elle ne rêve pas. Elle contemple sa prestance musculeuse, sa démarche assurée et humble en même temps. C'est son frère et elle en ressent étrangement un grand respect. Elle regarde son père, il n'est que fierté personnifiée !!!

Arrivé sur le parvis, il leur adresse un petit signe de connivence avant d'entrer dans l'église, suivi du Chevalier Gismard et du Comte Jean de Haut Castel. Esclarmonde s'accroche au bras de sa mère pour entrer à son tour dans la nef. La messe se déroule avec une lenteur désespérante. Enfin, son frère s'avance vers l'autel en tendant son épée pour qu'elle soit bénie. Puis, une fois celle-ci purifiée, il la récupère et sort de l'église. Sur le parvis, noir de monde, il va s'agenouiller devant son Maître, Gismard de Soumont. Autour de son mentor, une dizaine de chevaliers sont rassemblés, tenant leur heaume à la main et genou en terre par respect pour son frère. Il sera à coup sûr un grand seigneur. Esclarmonde ressent une bouffée de fierté en admirant une fois de plus la carrure de guerrier de Ferdinand.

Selon la tradition, il prononce d'une voix de stentor le serment de fidélité. Il reçoit l'accolade de l'épée du Chevalier ! Il est des leurs !!!

Pendant que se déroule ce rituel, de jeunes pages, encore en apprentissage, déposent près de lui son écu, son haubert, son heaume, sa lance, ses éperons et sa cuirasse. L'évêque les bénit alors sous les chants du public. Le petit Ferdinand est maintenant le Chevalier Ferdinand de Boismirail !

Il rejoint alors sa famille et se jette dans les bras de sa mère. Ils partent tous vers le château pour déjeuner rapidement avec le Comte et le Chevalier de Fozières avant de rejoindre la lice où se déroulera, cet après-midi, le reste des festivités.

Après le repas, le nouveau chevalier disparait une nouvelle fois. Sa famille se dirige doucement vers le champ où se dressent des tentes et des étendards de toutes couleurs. Esclarmonde s'installe fièrement à côté de son père sur les sortes de gradins, réservés aux nobles et se penche pour essayer d'apercevoir son frère mais elle ne le trouve pas. Une foule bigarrée et bruyante a pris place derrière les barrières de bois qui entourent la lice. L'ambiance est joyeuse et assourdissante. Çà et là, on aperçoit des petits groupes particulièrement enjoués, preuve que l'hypocras et les vins du Comte Jean de Haut Castel ont été appréciés.

Soudain, la trompe d'un héraut couvre le brouhaha. Aujourd'hui, il s'agit de joutes avec des armes courtoises, rendues inoffensives, lances épointées et épées sans tranchant. Un cavalier apparait au bout du champ, de part et d'autre de la longue corde qui sépare le terrain en deux parties. Elle reconnait son frère, armure étincelante et superbe destrier. Il tient sa lance dressée et sur son bouclier, il arbore fièrement les armoiries des Boismirail.

Sur un second coup de trompe du Hérault, le cavalier s'élance au grand galop vers la quintaine dressée. La visière de son heaume est baissée et sa lance pointe vers le bouclier. Tout le corps d'Esclarmonde se contracte et son cœur bat à tout rompre. Souffle bloqué, elle accompagne de tout son être, son frère dans sa course effrénée et ressent jusqu'au fond de sa chair le fracas de l'arme qui percute le bouclier du mannequin pivotant dans un bruit infernal. Le lourd sac de sable frôle la tête du chevalier qui s'est couché à temps sur sa selle malgré la violence de l'impact. Ferdinand et son cheval ne sont qu'un seul et même être. Dans une volte audacieuse, il a repris position au bout de la lice et se prépare à saluer la foule après cette passe victorieuse. Autour du mors et des lèvres de l'animal, on distingue une sorte de mousse d'écume. La fusion entre l'homme et le destrier est totale. Elle sait tous les trésors de patience que son frère a dû déployer pour accoutumer le bel étalon à être monté, à accepter la bride, la selle, mais la récompense de ce talent est visible aujourd'hui. Le débourrage a été parfaitement réussi et maintenant, au cœur de cet affrontement, on peut presque palper la complicité entre eux deux.

L'après-midi se poursuit avec des chevaliers tous plus valeureux les uns que les autres. A peine les derniers engagements terminés, le Baron Guy, son épouse et Esclarmonde décident de rentrer à Boismirail, épuisés par cette journée si riche en émotions et qui a vu la transformation de leur petit Ferdinand en un homme véritable.

SAMEDI 15 OCTOBRE 1194

Le temps est magnifique et encore chaud aujourd'hui. Le soleil inonde la région et promet une superbe journée. Depuis hier matin, c'est le tohu-bohu qui règne au sein du château et dans ses dépendances. Johan de Saint Gilles, Baron de Monastir est arrivé avec quelques-uns de ses chevaliers. Il a fallu regrouper les ânes et les poneys dans une petite grange accolée à l'écurie de façon à libérer de la place pour les chevaux de l'escorte. La plaine derrière le château, où se tient tous les mois le marché, s'est couverte de tentes, de chariots et de serviteurs qui se sont déployés pour les deux nuits que cette petite troupe passera à Boismirail.

Ce samedi seront célébrées les fiançailles de Géraude et de Johan. Hier soir, les deux Barons sont restés très tard dans la grande pièce située à côté de la chambre de Guy. C'est de cet endroit qu'est administré tout le domaine. Tous les deux sont restés une grande partie de la nuit à débattre des moindres détails de leur contrat. Ils semblent avoir réussi à boucler des négociations qui avaient débutées il y a plusieurs années déjà. Esclarmonde sait que la seule façon pour la femme de ne pas rester impure, de ne plus être considérée comme la seule instigatrice du péché originel, est de contracter mariage et de devenir mère. C'est le rôle des pères de passer ce genre de contrat. Cela arrange à la fois les familles par les alliances qu'il génère et l'église qui, ainsi, purifie une âme.

Ce matin, la chapelle du château a été richement décorée et fleurie. Le Baron Guy, habillé d'une longue tunique de damas d'un vert assez vif et des chausses rouge vif sur des poulaines assorties, mène lentement son aînée dans l'allée centrale de la chapelle.

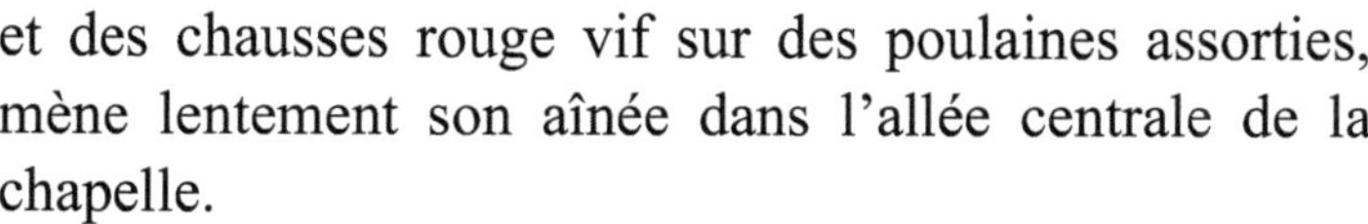

Quant à Géraude, elle resplendit dans une robe de cendal jaune, très ajustée sur le buste généreux de la jeune femme que cette tenue met en valeur. Ses jambes sont gainées de bas de chausses assortis, tenus par des jarretières. Elle est chaussée de poulaines en cuir d'agneau. A côté de l'autel attend le Baron Johan flanqué de l'abbé Jérôme. Le couple s'installe sur un petit banc de tissu ocre face au religieux qui les bénit. A leurs côtés, prennent place les témoins, Pierre de Lagueyte pour Géraude et le Chevalier de Chazac pour le fiancé. L'abbé pose à chacun la question du consentement et les jeunes gens donnent à haute et intelligible voix leur accord. Puis il joint leurs mains et chacun confirme la promesse de mariage, réaffirmant que celui-ci sera consacré à la procréation et s'engageant à ne pas consommer leur union avant les noces sous peine d'excommunication.

Ceci fait, l'abbé les bénit une nouvelle fois avec leurs témoins et retourne derrière l'autel afin de conclure la cérémonie par la messe.

Esclarmonde ne perd pas une miette du spectacle qui se déroule devant elle. Elle sait que la prochaine fois, c'est elle qui sera assise sur le banc. Elle a un petit pincement au cœur en réalisant qu'elle ne sait pas qui sera à ses côtés puisque son père n'a pas encore abordé le sujet avec elle alors qu'elle a déjà quatorze ans.

Pendant la célébration, les domestiques ont installé les tables des repas de fêtes dans la grande salle d'apparat du château.

Le Baron Johan et sa promise sous la conduite la Baronne Marguerite font le tour de la salle à manger. C'est elle la Maîtresse de maison et elle a à cœur de montrer à ses hôtes les tentures qui ornent les murs et la jolie vaisselle présentée sur le dressoir. Puis chacun s'installe autour de la grande table en forme de « U » à la place qui lui a été attribuée. Lorsque retentit le son du cor, chacun se lave les mains dans les récipients que leur présentent les serviteurs.

Le banquet commence alors sur les tranchoirs dans une ambiance chaleureuse et festive. Les plats se succèdent, viandes rôties, porc ou volailles, et légumes divers, épinards, blettes, cardons et fruits, pommes et dattes pendant que coulent à flots bières, cervoises et vins miellés.

Puis à nouveau, on se lave les mains avant que les convives n'écoutent les troubadours. Malgré la présence de l'abbé Jérôme qui, comme tout religieux pensent que « là où il y a danse, il y a diable », les convives commencent à se lever sur les rythmes du luth et des tambours pour danser le tripudium et le virelai.

La musique aidant, les convives assoiffés rendent un hommage, parfois démesuré, à l'hypocras et au claret frais que le Baron a mis à disposition.

En toute fin d'après-midi, chacun regagne son logement car, dès demain, pour les visiteurs, il faudra rentrer au château de Monastir distant d'une bonne quinzaine de lieues.

MARDI 21 MARS 1195

Le temps est superbe ! Ce tout début du printemps est annonciateur du bel été à venir. Finis les frimas, finis les journées passées à essayer de se réchauffer pendant que le précepteur vous enseigne les arts ou la lecture. Il est passionnant de découvrir toutes ces choses, mais pas en claquant des dents au coin d'une cheminée dont la fumée vous fait tousser. Aujourd'hui, c'est toute la nature qui semble se réveiller. Le ciel est sans nuage et les premiers rayons éclairent les premiers bourgeons, encore timides. Après cet hiver qui lui a semblé interminable, elle se sent pleine d'énergie. La cité est encore endormie, mais bientôt, elle va s'animer, les rues seront remplies des bruits familiers, les marchands qui ouvriront les auvents de leurs étals, les ouvriers du chantier qui s'interpelleront dans le vacarme de leurs outils, les paysans qui guideront à la voix les chevaux vers les labours. Elle respire à plein poumons cet air encore un peu frais, mais si vivifiant, si porteur de jolies choses. Elle a soigneusement noué sa résille sur une natte compliquée mais qui lui évite de sortir « en cheveux », ce qu'elle doit maintenant éviter en raison de son âge et de sa condition, mais elle a juste enfilé, par-dessus ses braies, une tunique de laine, serrée à la taille.

Elle veut se sentir libre et se dirige vers l'écurie pour retrouver Simian, le jeune homme, mi-page, mi-palefrenier qui s'occupe de son Midas. Lorsqu'elle arrive dans son box, son cœur bat à tout rompre. Passant un bras autour de son encolure, elle retrouve les odeurs du bonheur, celles du temps de travail acharné pour tisser avec Midas des liens forts, pendant cette période de dressage, cette période où elle-même a appris à se dominer, à aller de l'avant, à vaincre ses propres peurs. Elle commence doucement à le caresser, en lui parlant avec la tendresse d'une maîtresse à son amant, passant et repassant ses doigts dans la crinière fournie. Pourtant quelque chose cloche. Simian lui apprend que son bel étalon boite un peu ce matin car une longue épine s'est fichée dans son antérieur droit. Evidemment, il la lui a retirée, mais l'animal souffre encore un peu et il n'est pas souhaitable de le monter pendant un jour ou deux. Devant la mine déconfite d'Esclarmonde, il lui propose de sortir avec Bronze, un jeune bourguignon à la robe baie claire. Il sait que la jeune femme est une bonne cavalière et que Bronze n'est pas sujet à mauvais vice. Après une courte hésitation, Esclarmonde accepte cette proposition car l'appel de la liberté est le plus fort, l'ardeur de sa jeunesse l'emporte sur tout le reste. L'animal sellé, la jeune femme lui caresse longuement le chanfrein et enfin, saute en selle et quitte l'écurie. Elle commence par guider son cheval d'un pas léger, le long des champs. Ils font connaissance, ils s'apprivoisent mutuellement. Mais très vite, elle s'élance au galop sur les larges chemins à flancs de colline. Elle éprouve ce sentiment de liberté que l'on peut ressentir quand le vent siffle dans vos oreilles, que l'air vous vivifie. Pour un observateur extérieur, cette belle et son cheval sont comme soudés l'un à l'autre. Ils ne font qu'un et ils galopent comme si le diable était à leur poursuite. Sous la conduite d'Esclarmonde, Bronze donne sa pleine puissance. Les deux transpirent de la même façon et sous l'effet de la vitesse, la tunique de la jeune femme lui colle à la peau. Cavalière accomplie, les jambes souplement collées sur les flancs de la bête, et pieds bien calés dans ses étriers, elle ne repose même pas sur sa selle et semble planner sur l'animal. Le vacarme de la galopade fait s'envoler un groupe d'oiseaux. Entrant dans la forêt, elle débouche sur une jolie clairière à la lumière douce et revient au pas. Soudain, Bronze fait un brusque écart et couche ses oreilles en arrière en s'arrêtant brutalement. Surprise, Esclarmonde manque d'être désarçonnée. Le cheval ne cesse de rabaisser ses oreilles et de piaffer. Manifestement, il a peur de quelque chose et elle le sent frissonner. Elle se retourne pour chercher la cause de cette frayeur soudaine quand il pousse un hennissement et lance une vive ruade qui est fatale à la jeune

femme. Celle-ci vide les étriers et tombe lourdement sur le sol où elle reste inconsciente.

Attiré par le bruit, un jouvenceau surgit. Il laisse tomber son sac et ses champignons se répandent sur le sol. D'un coup d'œil, il évalue la situation. Le cheval effrayé risque de blesser sa cavalière. Il voit le serpent, ramasse un bâton et d'un geste précis lui fracasse le crâne.

Puis il saisit fermement la bride de Bronze. Il caresse son chanfrein et lui parle d'une voix posée, attendant qu'il se calme. Ensuite, il l'attache un peu plus loin et revient pour s'occuper de la cavalière. Elle est toujours étendue, presque offerte. Sa tunique trempée est déchirée et sa jambe fait un angle bizarre avec son corps. Esclarmonde gémit et tourne sa tête de gauche à droite, mais elle est incapable d'ouvrir les yeux.

Le damoiseau se penche sur elle, caressant du regard le galbe des mollets et la finesse des chevilles de la jeune femme. Avec d'infinies précautions, il passe ses bras sous ses genoux et se redresse en la portant délicatement. Son précieux fardeau dans les bras, il se dirige doucement vers le cheval et il l'installe tant bien que mal en travers de la selle. Puis saisissant à nouveau la bride, il se dirige vers le village pour trouver de l'aide. La jeune femme est toujours semi-inconsciente et s'abandonne totalement.

Lorsqu'il arrive à proximité de la cité, un ouvrier reconnaissant Esclarmonde se précipite au château pour prévenir le Baron et l'apothicaire. Il faut préparer une chambre pour la blessée. Un petit groupe vient rapidement à sa rencontre. Le Baron s'adresse brièvement au jeune homme :

- Comment te nommes-tu ?
- Je suis Guilhem, Monseigneur, répond-t-il en baissant la tête.

- Parfait, conduit le cheval à l'écurie, je te verrai plus tard, dit-il en tournant les talons.

Pendant que le jeune homme s'exécute, la jeune femme est portée jusqu'à sa chambre et Brunegude, la miresse se penche sur Esclarmonde, toujours inconsciente. Elle repère rapidement l'angle incongru du genou et l'enflure inquiétante de l'épaule. Elle demande à ce qu'on lui apporte des bâtons et des cordes, puis elle court au jardin des simples cueillir les quelques plantes dont elle a besoin pendant qu'Arnelle fait chauffer de l'eau. Esclarmonde prend vaguement conscience des odeurs douces et réalise qu'elle est dans sa chambre, percluse de douleurs. Elle essaie de bouger et constate que son corps ne répond pas. Elle n'a pas le temps d'avoir peur qu'elle replonge dans l'inconscience. Brunegude remarque une large tache de sang dans la couche de la jeune fille. Inquiète, elle lui fait boire une potion aux fragrances de girofle pour la soulager un peu. Puis, elle dénude le bas de son corps et constate que le ventre d'Esclarmonde est gonflé et s'est mis à saigner abondamment. Elle soupçonne une descente des organes et peut-être même une déchirure interne. Après l'avoir encore une fois nettoyée et changée, elle frotte son pubis et son bas-ventre avec une décoction à base d'urine, de graines de lin et de camomille pour stopper ce saignement. Puis, elle prend les bâtons et fixe solidement la jambe de la jeune femme. Elle a redressé celle-ci du mieux qu'elle a pu pendant qu'Esclarmonde était évanouie et maintenant, elle l'immobilise pour que l'os brisé se ressoude.

Le lendemain, le Baron envoie chercher le jeune homme et lui demande des explications. Guilhem est apprenti chez le forgeron du village. Guy reconnait alors le garçon. Son père, le Chevallier de Jabrun est mort lors de l'assaut de sa citadelle et son garçon de 8 ans à l'époque avait réussi à fuir. Il était arrivé au château dans un piteux état, après avoir marché seul pendant des jours. Le Baron avait accepté de recueillir le très jeune garçonnet, orphelin et il l'avait confié à Macari. Le pauvre artisan forgeron n'avait pas d'enfant pour lui succéder, sa femme Germonda ne lui en avait pas donné.

Il avait été heureux de l'élever, même quand la nature lui avait enfin offert un fils, Crespin, l'année suivante. Les deux enfants s'entendaient comme deux vrais frères. Guilhem est devenu un beau jeune homme. Le travail à la forge lui a bâti une musculature impressionnante et c'est un garçon naturellement gentil. Il demande des nouvelles de la jeune femme et obtient l'autorisation d'aller lui rendre visite. Arnelle le conduit jusqu'à la chambre où se repose Esclarmonde.

Lorsqu'elle voit ce damoiseau à côté de son lit, Esclarmonde, les yeux encore lourdement cernés par une nuit agitée, essaie maladroitement de se présenter sous le meilleur profil possible. Elle ignore qui il est, mais elle est déjà sous son charme. Arnelle s'approche d'elle et lui donne un bol d'eau en lui expliquant que c'est Guilhem qui l'a trouvée après sa chute et que c'est grâce à lui si elle est ici.

Il s'est occupé d'elle, de son cheval et l'a ramenée au village sur le dos de ce dernier. Une lueur de reconnaissance brille alors dans son regard. Elle lui tend la main en souriant malgré le coup d'œil réprobateur de sa gouvernante. Il s'en saisit doucement, enamouré comme on peut l'être à son âge quand une beauté telle qu'Esclarmonde, intelligente et cultivée vous regarde de cette façon. Il voudrait lui parler, la rassurer, la consoler, mais il sait qu'il n'est qu'un apprenti forgeron alors qu'elle est la fille de Monsieur le Baron de Boismirail. Il se sent un peu gauche, empêtré dans sa grande carcasse. Lisant en lui, Esclarmonde serre doucement sa petite main dans la grande paluche du jeune homme. C'est elle qui le rassure. Le silence entre eux est riche d'une conversation soutenue, faite de regards qui s'évitent et se cherchent, qui se fixent et se jaugent, qui se déclarent sans bruits. Ils n'ont pas échangé une parole, mais se sentent curieusement proches. Lorsque Guilhem se retire, Esclarmonde se sent presque abandonnée et un voile triste se peint sur son visage. Certes, le

jeune homme est séduisant, fort, rassurant, mais il est pauvre alors qu'elle est baronne. Le mariage entre un fils orphelin et une jeune noble est impossible.

Elle demande à Arnelle d'aller voir si son père est disponible. Elle a envie qu'il lui rende visite.

Lorsque le Baron entre dans la chambre de sa fille, il la regarde et ressent encore un peu d'inquiétude devant sa grande pâleur. Mais il voit qu'elle s'efforce de sourire et cela le rassénère un peu. Elle lui parle de la visite du jeune homme grâce auquel elle est là. Elle lui avoue en rosissant un peu qu'elle le trouve fort solide et tenant des discours sensés, ce qui montre son intelligence. Il est aussi plein de tact et de prévenance. Son père sourit et lui déclare qu'il sait déjà ce qu'elle va lui demander. Il lui annonce alors qu'il est déjà intervenu auprès du Chevalier Tristan de Bray, le parrain d'Esclarmonde pour que le jeune garçon soit récompensé dignement. Comme Guilhem est lui-même noble, puisque son géniteur était le Chevalier de Jabrun, il pourra s'il le souhaite quitter la forge pour entrer comme écuyer au service de Tristan. Une grosse bouffée d'amour monte en Esclarmonde pour ce papa qui anticipe si habilement ses désirs. Elle l'embrasse pour le remercier et fatiguée par toutes ces nouvelles émotions, elle se retourne pour s'endormir en rêvant de son preux « chevalier ».

Jeudi 13 avril 1195

Le temps est couvert et un peu frais aujourd'hui. Dans la cour sont dressées quelques tentes que les domestiques de Johan de Saint-Gilles, baron de Monastir ont installé depuis leur arrivée hier après-midi. C'est le détachement envoyé par l'homme qui vient chercher Géraude pour l'épouser ce Samedi 15 Avril en son château de l'Albigeois. Sa jambe toujours solidement emprisonnée dans des attelles, Esclarmonde, depuis un lit installé pour elle sur la terrasse observe attentivement tous ces préparatifs. Elle pense que bientôt, c'est elle qui partira à son tour.

Elle se doute bien que son père qui vient de régler la dot conformément aux négociations avec le Baron de Monastir ne va pas tarder maintenant à nouer quelques contacts avec des nobles voisins pour ses propres noces.

Elle est un peu triste de savoir qu'elle ne sera pas présente car, avec sa jambe cassée, les déplacements sur de telles distances lui ont été formellement interdits par Brunegude. C'est la troisième fois qu'elle doit renoncer à quelqu'un de proche ! Apres ses deux frères, voilà que c'est sa sœur qu'elle ne pourra pas accompagner. Bien sûr, elle a essayé de contourner l'apothicaire, de présenter un visage déterminé, de minimiser sa souffrance. Mais son père, soutenu par sa mère, est resté intraitable. Pourtant, elle a fait ce qu'elle doit pour se sentir mieux. Guilhem est venu plusieurs fois la voir pour la remercier et elle a vu dans ces yeux comme elle était devenue jolie. Il est loin le temps où tous les enfants du village, elle, en vrai garçon manqué les entraînant derrière elle, ils allaient courir les bois avec insouciance. Elle sourit en pensant à lui, elle le revoit, maladroitement planté à côté d'elle, frottant ses mains en se dandinant doucement d'une jambe sur l'autre, intimidé par le regard direct d'Esclarmonde. Il avait bien changé aussi. Qu'il était séduisant, qu'il était touchant avec sa timide gaucherie ! Quand, elle lui avait donné le baiser de la paix, il était devenu écarlate. De son côté, la jeune fille avait été troublée par la douceur de ses lèvres sur les siennes. Que de jolis moments !

Pour l'instant, elle regarde d'un air absent le démontage du petit hameau de toile, les cris des domestiques qui interpellent les cochers pendant le chargement des coffres et des tissus enroulés sur le plateau des chariots de transports. Les chevaux piaffent d'impatience, excités par la grande agitation qui règne sur le pré... En regardant ces préparatifs, elle sent son menton trembler pendant que des larmes mouillent doucement ses joues.

CHAPITRE 3

LE MARIAGE

26 SEPTEMBRE 1198

SAMEDI 26 SEPTEMBRE 1198

Enfin !

Enfin, ce jour tant attendu, tant espéré, est arrivé. Que de difficultés pour en arriver là. Tout d'abord, ses fiançailles avaient été rompues avec le Chevalier Lugan de Morlhon à cause du petit boitillement qu'elle conservait de sa dramatique chute de cheval. Elle pouvait, certes, marcher, et même courir, mais on pouvait néanmoins remarquer une légère claudication dans sa démarche.

Cela lui avait fait craindre que le couvent ne restât sa seule issue. Heureusement, Henri de Puysségur avait déjà remarqué Esclarmonde lors de l'adoubement de son frère Ferdinand. Il faisait partie des chevaliers qui l'assistaient pendant cette cérémonie et la joie de vivre de cette jeune femme, apparemment vive et intelligente, l'avait séduit. C'était un ami de Lugan de Morlhon et quand celui-ci lui avait fait part de son refus d'épouser la fille du Baron de Boismirail, Henri avait saisi l'occasion de faire sa demande. En ce début d'année, ce vendredi 13 Mars 1198, par une journée grise et pluvieuse, son père et le Baron Henri s'étaient finalement entendus. Ils décidèrent que le mariage se ferait en automne, après les moissons.

Le lendemain, le samedi, les deux jeunes gens s'étaient fiancés. Elle avait donc fait la connaissance de celui qui sera son mari. Il était arrivé dans la chapelle vers midi et elle l'avait découvert lorsqu'il avait mis le pied sur le parvis. Bien planté sur ses jambes solides, main sur la garde de son épée, il la cherchait des yeux. Il avait le teint hâlé des gens qui vivent au grand air. Il était beau avec de jolies rides d'expression qui donnait à son visage une lumière particulièrement chaleureuse. Il se dégageait de lui une impression de solidité à toute épreuve, il semblait courageux et rassurant. Elle observa aussi qu'il savait prendre soin de sa personne, elle remarqua ses ongles propres. Le dessin de ses lèvres montrait qu'elles semblaient promptes à sourire. Elle avait alors ressenti un frémissement agréable et ses joues s'étaient légèrement empourprées. Elle s'était hâtée de détourner son regard pour que son trouble ne la trahisse pas.

Des souvenirs épars de cette période remontèrent.

Elle revoyait la discussion acharnée entre son père, son fiancé et l'abbé Jérôme sur les prix pratiqués sur le champ de la foire pascale.

- Plus un marchand vend cher ses produits, plus il gagne d'argent !
- Ce n'est pas aussi simple, cela dépend de combien il a payé ses matières premières !
- Et aussi de temps passé à les travailler.
- N'oubliez pas la capacité d'achat du chaland car un prix élevé le dissuadera !
- Et cela dépend aussi de l'offre des autres marchands.

Elle sourit en revoyant l'acharnement de chacun des trois hommes à se convaincre mutuellement….

Elle revoyait la joie et la tendresse dans le regard soulagé de Marguerite. Elle n'enverrait pas son espiègle petite brindille, si pleine de vie et d'inventivité, mourir à petit feu dans un couvent.

Maintenant, dans cette chambre lumineuse mise à sa disposition au château de Puysségur, Esclarmonde sentait que la vie lui présentait à nouveau les plats du bonheur et elle avait bien l'intention de les déguster tous jusqu'au bout.

Elle était arrivée la veille avec ses parents, bien sûr, mais aussi quelques chariots contenant ses quelques meubles personnels, ses coffres de vêtements. Elle avait fait tout le long trajet, juchée sur Midas, fière et conquérante. Sa gouvernante et son précepteur avaient activement participé à ses préparatifs, plutôt pour la tempérer car elle aurait volontiers emporté avec elle, tout Boismirail et même ses environs, vestiges de son enfance et de son adolescence. Elle avait fait régner, sur place, une grande effervescence pendant plusieurs jours et chacun avait finalement perçu le départ comme un soulagement. En arrivant dans la vallée devant Puysségur, elle avait découvert la silhouette du château se découpant dans les rayons du couchant, tout au sommet d'un Puech. Le Baron Henri et son escorte étaient venus les accueillir et le village tout entier acclama la jeune fiancée. Tous savaient qu'elle serait bientôt la Maîtresse du lieu car Henri était plutôt un homme lointain, plus occupé à chasser et à jouter dans les tournois plutôt qu'à administrer son vaste domaine.

L'arrivée d'Arnelle la tire de sa rêverie.

Après le bain dans le grand baquet d'eau chaude, sa servante l'aide à s'habiller pour la cérémonie religieuse. Arnelle avait tressé ses cheveux dans une jolie natte et elle avait ceint son front d'un délicat touret de perles brillantes. Elle enfile une longue robe de velours verte qui la couvre jusqu'aux pieds mais qu'elle a voulu légèrement décolletée, laissant entr'apercevoir la naissance d'une poitrine attirante. La ceinture de soie pourpre qu'elle enroule autour de sa taille en souligne la finesse. Le maquillage discret de ses joues et de ses lèvres fait ressortir son teint harmonieux et diaphane. La peau de son visage a cette transparence propre aux demoiselles de son rang. Esclarmonde resplendit véritablement !

Elle se rend dans la salle principale du château où elle retrouve ses parents et les quelques personnes de la suite baronniale. Puis tous ensembles, ils gagnent la petite place devant la chapelle du château de Puysségur. Bien qu'assez exiguë, le parvis est rempli de tout ce que la région compte de nobles. C'est un chatoiement de couleurs joyeuses. Elle ressent comme une onde de sympathie à son encontre. Les gens de Puysségur semblent heureux de l'accueillir. Elle pense avec un brin de tristesse qu'elle est passée de « Brindille » à « La Boiteuse » et que même si les deux surnoms ont une forte teneur affective, elle aurait préférée des appellations plus glorieuses. Qu'à cela ne tienne, se promet-elle in petto, je me créerai mon propre surnom sur mon mérite. Et forte de cette belle résolution, mais le cœur un peu serré par l'émotion, elle soulève légèrement le bas de sa tenue et s'engage résolument à travers cette allée, fendant la foule agglutinée et respectueuse pour atteindre l'édifice. En entrant dans la chapelle décorée et abondamment fleurie, elle rejoint Henry. Il est sublime dans sa surcote en coton d'Arabie verte avec son tissage des plus fins. Sa ceinture et ses bottes sont assorties et taillées dans le meilleur cuir. Ses épaules sont recouvertes d'un manteau de laine d'un rouge vif, au col bordé d'hermine. La lumière traversant les vitraux le nimbe d'une auréole irréelle. Une nouvelle fois, Esclarmonde sent son cœur s'emballer pour cet homme qu'elle trouve si magnifique.

Les cloches se mettent à battre, conviant tout le monde à l'évènement. Au-dessus des deux fauteuils luxueux placés face à l'autel, un voile a été hissé, comme pour les abriter de quelques maléfices tombés du ciel à l'initiative du malin. Ils s'installent côte-à-côte, face au Père Jamin, prêtre de Puysségur, officiant de cette cérémonie. Celui-ci commence par bénir les deux jeunes gens avant de vérifier leur consentement. Chacun accepte donc l'autre pour époux. La messe peut débuter et le prélat la célèbre avec grand apparat. Après la communion, arrive le moment de la dotation mutuelle. Chacun des futurs époux remet à l'officiant une pièce d'argent et un anneau. Une fois qu'il les a bénis, il les rend à Henri qui prend délicatement la main d'Esclarmonde pour lui passer l'anneau au doigt. C'est le geste essentiel du mariage. Nul ne l'ignore. L'émotion du Baron est perceptible dans l'assistance. Esclarmonde à son tour, enfile l'anneau nuptial au doigt de son promis. A cet instant, ils ne sont pas encore mariés. Ils lèvent leur main gauche pour se jurer fidélité face à Dieu et le Père Jamin prend la parole d'une voix qui porte et résonne jusqu'au fond de la chapelle, remplie de fidèles attentifs. Il rappelle à la mariée qu'une fois le mariage célébré, elle sera en charge, face à Dieu de l'éducation des enfants, du respect des moments de prières, de la gestion de sa maisonnée, du bien-être de son époux et de la pratique de la vertu. Puis, d'un geste ample, il les asperge d'eau bénite. Sous cette pluie glacée, les deux jeunes gens frissonnent, se regardent avec tendresse. Ils sont désormais, Mari et Femme !!

Elle pense, en regardant son mari que bientôt, elle pourrait se serrer contre lui, loin des contraintes du protocole et de la bienséance. Pourquoi est-elle à la fois si impatiente et si effarouchée ?

Les deux époux sortent de l'église sous les applaudissements et se dirigent lentement, suivi par la foule, vers la salle principale du château où les domestiques ont dressé les tables du banquet nuptial. Le frottement des sandales et le bruissement des robes sont masqués par le brouhaha de cette foule en liesse. Le couple est aux anges. En traversant la cour du château, ils perçoivent que des cuisines s'échappent des odeurs prometteuses de viandes rôties, d'épices rares et de sauces exceptionnelles qui en font saliver plus d'un. La salle à manger avait été somptueusement décorée. Les nappes, les vaisselles exposées, l'alignement parfait des tables, les bancs recouverts de tissus chatoyants, ces somptueux mélanges de couleurs, de matières, de textures la transformait en un lieu magique, idyllique, fascinant. Esclarmonde était éblouie par le faste déployé par son mari. Un sonneur de cor invite alors chacun à se diriger vers le groupe de pages et de leurs aiguières chargées d'eaux parfumées avant d'être accueilli par le chambellan chargé de le mener à la place définie par le protocole. Le jeune couple est guidé jusqu'à la table du haut bout, sous un dais en soie où sont déjà installées plusieurs personnes. Un vieil homme à l'air jovial et au teint rubicond les accueille gentiment. C'est son beau-père, le Baron Gondran, le père d'Henri. L'homme est veuf depuis longtemps, sa femme, la mère de son mari, est morte en essayant au monde leur deuxième enfant qui n'a pas non plus survécu. C'est pourquoi Henri est fils unique. Gondran ne s'est jamais remarié. Elle voit venir vers eux un homme grand et fort, vêtu d'un surcot de cuir luxueusement travaillé qui couvre sa large poitrine. Sa tunique blanche et ses braies de laine renforcent le coté très cossu de sa mise. Henri le présente comme le Chevalier Conrad de Lusignan, son véritable bras droit. Ils se sont mutuellement sauvés la vie à plusieurs reprises, créant ainsi des liens indéfectibles. Esclarmonde esquisse une petite révérence pendant que Conrad glisse quelques mots à l'oreille d'Henry. En les observant, elle remarque l'évidente connivence entre eux. La façon dont la main d'Henri enserre l'épaule de son ami est lourde de sens. A la même table d'honneur, se trouve aussi, à côté du père Jamin, Monseigneur Johan de Castelnau, l'archevêque ainsi que son secrétaire particulier, le père Giraud. Quand chacun à trouver sa place, selon son rang de noblesse et sa proximité avec sa nouvelle famille, le Baron, d'un signe de la main, donne le signal qu'attendent les valets pour s'élancer dans un défilé des poulardes rôties, de chapons bien grillés, de pâtés divers, de faisans farcis d'épices, de légumes de toutes sortes, cuits dans le jus des viandes, de vins adoucis au miel, d'hypocras. Sur les tables, se trouvent des tranches de pain déposées par les panetiers et des hanaps délicatement ciselés.

Du coin de l'œil, Esclarmonde observe son beau-père Gondran, subjugué par le déhanché d'une serveuse à la démarche de danseuse qui lui présente un plateau garni. Il la dévore des yeux et elle lui retourne une petite moue complice. Après le décès de la mère d'Henry, son père avait tenu le serment de maintenir de temps à autre au château, les fêtes organisées jadis par sa femme, recréant ainsi l'illusion de sa présence, de sa culture et de sa grande générosité. Hélas, il ne pouvait pas recréer cette complicité charnelle qu'elle lui avait offerte. Alors, même s'il n'avait jamais voulu convoler à nouveau, il apaisait souvent sa chair auprès de quelque servante complaisante.

Goûtant un vin, Henry claque sa langue avec la satisfaction d'un connaisseur comblé. Puis arrive le moment de l'entremet et arrive un jeune homme dont l'aisance montre qu'il sait parler devant n'importe quelle assemblée. Il s'adresse particulièrement au public féminin pour lequel il a vite fait de trousser quelque compliment. Manifestement, il est connu au château puisqu'il est accueilli par des applaudissements. Il est d'une beauté presqu'irréelle et sa voix porte loin. Il entame sur un mode sarcastique, un récit tournant en ridicule les seigneurs de langue d'oïl. Alors que les rires se déchainent dans l'assistance, Esclarmonde croise le regard furieux et frénétique du père Jamin. Manifestement, il ne goûte guère cette fantaisie. Puis le jeune homme entame une chanson d'amour courtois et inenvisageable entre une femme de la haute noblesse et un chasseur de sanglier. Amour impossible en raison des dictats de l'église, des castes sociales et des interdits sociétaux. L'image de Guilhem passe furtivement devant les yeux d'Esclarmonde…

D'un signe discret, Henry fait entrer les musiciens. Il ne souhaite pas de conflit avec le prélat. Bientôt, des airs de citole, de flûte et de tambourin résonnent dans la pièce. L'acoustique de la salle développe une telle résonnance que les notes semblent virevolter de part et d'autre des invités. Le chanteur s'imagine alors doté d'une voix à la puissance divine. Les convives se dirigent vers les aiguières pour se laver les mains avant de se regrouper au centre du grand U dessinés par les tables. Au son des estampies, des groupes de danseurs commencent à envahir l'espace. Franchissant la porte d'entrée, quelques frondeurs, forts en gueule et beaux parleurs sortent éructer leur trop plein d'alcool à la lune naissante. Ils déclament à des belles imaginaires les actes de bravoure provoqués par leurs simples regards. Le Baron Henry est heureux. La soirée est une vraie soirée de fêtes, de ripailles et de franches libations, telles qu'il en avait vécues au temps jadis, ordonnancées sous l'autorité du jeune Baron Gondran. Il observe son ami Conrad qui dévore à pleines mains une pièce de gibier, le regard fixé sur une belle ondoyante. Il doit s'imaginer la surprenant à sa toilette, admirant son corps souple dévêtu avant de l'entraîner dans une douce et intime sarabande amoureuse jusqu'aux premières lueurs du matin.

A la fin de la soirée, Henri prend son épouse par la main et la conduit jusqu'à ses appartements privés. Le père Jamin est déjà passé bénir la chambre d'Esclarmonde, puisqu'elle sera la chambre nuptiale. Une odeur douçâtre d'encens flotte encore dans l'air. Contrairement aux traditions, Le Baron a exigé de passer la nuit seul avec sa femme et il a sommé les prélats et autres témoins traditionnels de la nuit des épousailles de quitter les lieux. Il n'y aura pas de diner dans la pièce et ils pourront consommer leur union dans un climat de grande intimité. Il a juste fait déposer dans un angle, des tréteaux porteurs d'un plateau richement décoré de fleurs fraîches où sont déposés quelques fruits, un pichet de vin fin et deux hanaps délicatement ciselés aux armes du Baron.

Elle reste figée, debout sur le tapis qui étouffe les bruits et qui isole ses pieds nus de la fraîcheur du sol. La lampe à huile dispense autour d'elle une couleur chaude, presque ocre. Bien que cela génère un sentiment de sécurité, Esclarmonde se sent à la fois impatiente et craintive. Elle fait face à un Henry qui la regarde avec une intensité qui montre la force du doux sentiment qu'il éprouve. Elle y lit amour, gentillesse, bienveillance et sagesse. Elle craignait un soudard et trouve un vrai chevalier, adepte de la délicatesse et de la subtilité. Il n'ignore rien l'infinie patience que ce moment unique requiert. Il la contemple et la trouve superbe dans cette robe pudiquement décolletée. Elle lui permet d'imaginer plus que de contempler la naissance de sa poitrine que son souffle nerveux soulève vivement. Il s'approche d'un pas souple, de cette démarche élastique qui l'avait faite fondre dès le premier jour. Il ôte le touret qui entoure sa natte et entreprend, doucement, de dénouer sa longue tresse. Puis, tranquillement, il dénoue sa ceinture de soie écarlate. Esclarmonde irradie de bonheur, et son cœur s'affole. Il la pousse doucement vers le lit et la fait asseoir. Il se dénude rapidement et elle peut admirer ses membres bien découpés, son ventre plat et son torse musclé. Puis, nu et souriant, très à l'aise dans son corps d'athlète, il revient vers une Esclarmonde troublée, comme engoncée dans sa robe de velours. Elle espère qu'il ira doucement pour cette découverte des corps. Il lui saisit la cheville, massant d'une paume douce sa plante délicate. Il pose doucement ses lèvres sur ses orteils et passe sa langue entre chacun d'eux. Elle est un peu surprise, mais en même temps, elle se met à trembler sous cette pluie de sensations nouvelles, troublantes, incendiaires. Le contact de ses lèvres, chaudes et douces, la fait agréablement gémir. Petit à petit, elle rayonne de volupté sous ce délicat massage. Pourtant, son regard se voile un peu sous les mains qui glissent maintenant sur ses mollets, sous ses genoux. Elle est vaguement pétrifiée à cause de la cicatrice qui dépare sa peau. En la suivant d'un doigt affectueux, il lui sourit de façon rassurante. Il se redresse et fait glisser sa robe dévoilant sa peau lisse.

Il reste muet devant ce corps superbe, devant ses rondeurs délicates, devant ses jolis seins qui ressemblent à deux pêches mûres à point. Il passe doucement sa main sur ses tétons qui durcissent sous ce frôlement si grisant. Certes, elle sait que sa silhouette, sa poitrine orgueilleuse, son ventre plat et ses longues jambes peuvent plaire à un homme, mais l'attitude d'Henry, sa douceur, sa tendresse la libère d'un poids énorme. Peau contre peau, elle est bouleversée, transportée, enivrée par les émotions que sa bouche fait naître sur ses seins tendus, par la sensation des jambes d'Henri qui ouvrent délicatement ses cuisses pour se glisser avec tendresse dans son petit conil. La nuit passe comme dans un rêve, épuisante de caresses. Finalement, ils s'endorment blottis l'un contre l'autre, corps enchevêtrés et œil langoureux. Elle se sent désormais pleinement femme, dans son cœur, dans sa chair, dans son âme.

CHAPITRE 4

LA VIE AU CHATEAU

1198 - 1201

DIMANCHE 27 SEPTEMBRE 1198

Tendant le bras sur le côté, Esclarmonde sent le corps chaud d'Henry tout près d'elle. En souriant, elle s'étire comme une chatte en repensant à la jolie nuit de noces qu'elle vient de vivre. Elle découvre une sensation nouvelle : l'apaisement ! Elle est bien. Elle est merveilleusement bien. Elle revit mentalement la façon prévenante avec laquelle son mari a éveillé son corps, la caresse délicate de ses doigts, jouant avec sensualité sur ses tétons dressés, le frôlement subtil de ses grandes mains chaudes massant ses pieds douillets avec une ardeur exquise, ses lèvres dévorant sa bouche avec une douceur suave. Tout avait été merveilleux, enchanteur, magique ! Elle se souvient que la lune découpait un carré lumineux sur le sol. La journée sera donc belle, avait-elle pensée avant de glisser dans le sommeil.

Posant prudemment un petit baiser sur les lèvres de son époux encore somnolent, elle écarte doucement la courtine et l'air frais du petit matin la fait frissonner. Elle se lève prestement. Par la fenêtre ouverte, elle observe le manège des oiseaux qui chassent les insectes sur le fond azur du ciel. Des senteurs de fruits mûrs, de jasmin et de chèvrefeuille envahissent la pièce, poussées par la brise fraîche de l'automne.

Elle doit se préparer à aller rejoindre le père Jamin dans la chapelle du château pour le rituel de purification de la jeune épouse.

Henry se retourne sur la couche encore tiède du corps d'Esclarmonde et ouvrant doucement les yeux, il la regarde avec un tendre amusement. Allongeant le bras, il attrape et lui tend la cote qu'elle enfile par-dessus sa chainse. Elle lui tourne le dos pour qu'il l'aide à lacer le corsage. Elle sent ses seins durcir pendant qu'il noue sa ganse et que son souffle chaud frôle sa nuque. Espiègle, elle se dérobe pour ne pas se mettre en retard. Enfilant prestement ses chaussures à poulaine et couvrant ses épaules d'un petit mantel, elle sort de la chambre.

Elle pénètre dans la petite chapelle mal aérée des odeurs de la veille. Des remugles de corps mal lavés, de sueurs âcres et de relents de mauvaises haleines l'agressent. Fronçant les narines, elle s'avance et s'agenouille devant le prélat qui la bénit en agitant son encensoir pour l'envelopper de fumée sainte. Luttant contre un début de nausée, elle assiste stoïquement à la messe avant de retrouver avec bonheur l'air extérieur.

Son mari, tout sourire l'attend pour lui faire visiter le château et lui présenter le personnel qu'elle devra diriger puisqu'elle est désormais la Baronne Esclarmonde de Puysségur. Elle sent une bouffée de fierté à cette pensée. Elle penche un peu la tête sur le côté, envoyant un sourire enjôleur à Henri. Les gens de la maison, avertis de leur arrivée sont alignés, dos au mur dans la salle principale du château. La pièce a été vidée, astiquée et aérée, effaçant toute trace des agapes de la veille malgré l'heure tardive de la fin du banquet. Esclarmonde lit sur les traits tirés des domestiques que leur nuit a été particulièrement courte et les remercie mentalement de leur dévouement à la maisonnée.

Son époux lui présente ainsi les femmes de chambre, les cuisinières, les jardiniers et les palefreniers puis, il fait signe à une femme légèrement en retrait de s'approcher.

« Voici Mary, votre dame de compagnie, elle sera exclusivement à votre service et sera la nourrice de nos enfants ». Esclarmonde sourit à la nouvelle venue, tout en la toisant d'un regard incisif. Les taches de sons dont son visage est couvert lui donne un air enjoué, renforcé par son nez retroussé et des sourcils fournis qui soulignent des yeux rieurs. Elle amorce une révérence discrète, mais d'un geste, Esclarmonde l'interrompt et se tourne vers son mari pour le remercier.

La visite se poursuit aux écuries où elle aperçoit Midas qu'un laquais d'écurie est en train d'étriller avec soin. « Voici Enguérand, il gère notre écurie et s'occupera spécialement de votre monture ». L'homme, d'âge mûr, salue brièvement le couple et poursuit sa tâche. Tous les équidés du château ont été regroupés ensemble pour pouvoir abriter les montures des invités, mais le départ de quelques-uns d'entre eux permet maintenant aux chevaux et aux ânes de regagner progressivement leurs box.

Cela fait, ils retournent vers le château pour le repas…

JEUDI 25 MARS 1199

Ce premier hiver s'est écoulé sur Puysségur et les choses ont un peu changé pour la jeune mariée. Petit à petit, ses relations avec Henry se sont un peu durcies. Tout d'abord, elle n'est pas encore grosse et Thaïs, l'Apothicaire de Puysségur l'a déjà examinée plusieurs fois, cherchant une cause à cette absence de fertilité. Plusieurs fois, des conversations entre l'influent Chevalier Conrad et le père Giraud, le secrétaire de l'omniprésent archevêque Johan de Castelnau, se sont interrompues à son arrivée. Les regards échangés montraient, à l'évidence, qu'elle était l'objet de ces conciliabules.

Et ses menstrues qui ne s'interrompaient toujours pas.

Lors des repas pris dans la grande salle, il n'y avait plus guère que le vieux Baron Gondran qui lui apportait un peu de considération et de sympathie. Les prélats lui battaient froids. Il faut aussi reconnaître qu'Esclarmonde n'était pas particulièrement docile face à leurs exigences qu'elle jugeait souvent exagérées. Leur façon de traiter le personnel, et notamment les jeunes servantes ne lui paraissaient pas vraiment respectueuses, quand elles n'étaient pas carrément indécentes. Les propos grivois et les gestes pour le moins déplacés la choquait profondément.

Elle avait déjà du mal à accepter de telles attitudes chez les barons et les gardes, alors, chez des hommes de Dieu….

Depuis quelques jours, Henry ne fréquentait même plus sa couche. Il passait ses journées à la chasse ou dans des tournois chez ses voisins. Il ne prenait même plus la peine de l'informer, quant à lui demander de l'accompagner…

Aujourd'hui, son mari l'a priée, pour ne pas dire convoquée, à un entretien avec l'archevêque car il pense que la manière dont Esclarmonde dirige sa maisonnée laisse à désirer, les repas ne sont plus servis avec la magnificence nécessaire à une maison telle que la sienne et surtout les hommages et les honneurs que l'on doit aux représentants de l'Eglise ne sont pas à la hauteur de l'engagement religieux attendu des nobles tels que les Puységur.

Elle se rend donc dans le cabinet de travail de son mari. C'est une pièce à laquelle elle n'a pas accès en temps normal, ce qui renforce le caractère solennel de son « invitation ». Le mobilier de la pièce y est sommaire, mais la première qui saute aux yeux en entrant, c'est la taille presque démesurée des deux grandes cheminées, richement sculptées qui, bien que chargées d'un bon feu, ont du mal à réchauffer cette pièce orientée plein nord. Elles encadrent une croisée aux lourds volets de bois donnant sur la forêt et qui sont ouverts pour laisser entrer un peu de lumière. A son arrivée, l'archevêque et son secrétaire sont déjà installés confortablement dans des fauteuils à haut dossier et ils l'accueillent de leur sourire le plus hypocrite. L'arrivée de son mari et du père Jamin interrompt le début de révérence qu'elle s'apprête à esquisser. Les deux hommes s'installent et la prient de s'asseoir.

Les lueurs changeantes des flammes n'arrivent même pas à égayer un peu la petite salle. Esclarmonde attend dans un silence rempli d'hostilité diffuse et chargé de défiance. Elle a l'impression que les battements de son cœur résonnent dans tout le château. Le père Jamin commence alors, d'un ton faussement engageant à expliquer qu'ils ne sont pas là pour provoquer la moindre mésentente dans la Maisnie du Baron Henri, mais bien au contraire d'y rétablir une indispensable harmonie. Tout en parlant, il hoche la tête pour renforcer son discours mais un relent au fond de son œil dément son propos. Il poursuit en affirmant qu'il est convaincu que tous pourront repartir avec la bénédiction de l'Archevêque Johan. Celui-ci sourit à l'énoncé de son nom et déclare qu'il ne peut y avoir de doute sur ce point. Esclarmonde sent la fureur qui monte en elle. Elle ne supporte plus les mimiques obséquieuses des prélats qui osent prêcher contre ce qu'ils nomment la peste hérétique alors qu'ils ne sont intéressés que par la bonne chair et la luxure. Elle n'ignore rien des œillades concupiscentes que le père Giraud lance aux écuyers du Baron, son attrait pour la virile jeunesse révélant son vice grec. Quant à la lubricité de l'Archevêque, elle est de notoriété publique et certains troubadours en ont fait leurs choux gras. Les servantes des cuisines n'en ignorent rien chaque fois qu'il passe déjeuner au château. La jeune femme baisse les yeux pour ne pas laisser transparaître le profond mépris qu'elle éprouve pour cette caste de privilégiés sybarites et sournois, si prompte à imposer des « pater noster » à autrui quand eux-mêmes ne sont que jouisseurs et répugnants. Ils sont là pour la juger alors qu'elle s'efforce de se comporter de façon charitable, de respecter la convivencia que lui ont enseigné ses parents. Elle n'hésite jamais à réconforter mendiants et miséreux d'un bol de soupe chaude et de quelques menues monnaies, elle n'hésite jamais non plus à écouter les difficultés des femmes du village et à les aider de son mieux. Mais il est vrai qu'elle reste distante face à ces personnages, imbus de leurs personnes que son époux impose à sa table. Elle ne rit pas de leurs plaisanteries graveleuses alors qu'elle montre une grande intelligence avec les troubadours qui les persiflent. Elle croit que le monde doit fonctionner dans cette harmonie que ses parents et ses précepteurs lui ont enseignée, elle ne comprend pas cette intolérance et cette morgue des prélats de ce château qui ignore la notion même de « paratge », ce respect de l'autre, qui a toujours régnée chez elle. Elle relève soudain la tête et fixe l'Archevêque, se laissant aller à un besoin irrépressible d'être insolente, de le faire sortir de ses gongs. Ce n'est pas parce que celui-ci est le véritable maître des lieux, qu'aucune des décisions de son mari ne se passe de son consentement qu'elle va, elle aussi, accepter cette tyrannie. Elle ne permettra pas à ce malfaisant de jouir du plaisir de l'humilier. Elle plaque ses mains sur ses genoux, masquant ainsi sa peur, ses doigts sont un peu crispés, mais cette simple contraction exacerbe sa détermination à s'imposer. L'Archevêque ne s'y trompe pas. Il sait qu'Esclarmonde sera pour lui une ennemie mortelle et qu'il devra la briser. Henry, lui, est comme absent, il déguste tranquillement un petit gâteau et une coupe de vin tiédi et parfumé sous le regard courroucé du père Jamin qui aurait souhaité que le Baron intervienne. Le prélat sent une veine battre sur sa tempe et son front se couvrir de sueur malgré la fraîcheur de la pièce. Il a envie de gifler cette jeune

baronne effrontée au regard incendiaire. Avant l'arrivée de cette boiteuse et son mariage avec Henry, les choses se passaient paisiblement, mais sous cette influence néfaste, le prélat soupçonnait une rébellion latente. Il se lève pour mieux la dominer, son visage est devenu grave et tout sourire a disparu. Esclarmonde se lève aussi et en saluant, elle sourit de ce sourire si méprisant que les femmes savent opposer aux individus qu'elles jugent lâches et méprisables. En quittant la pièce sans un mot, elle sent dans son dos les regards cruels et incrédules de ces prétendus hommes d'églises qu'elle voue aux gémonies pour leur luxure affichée, mais elle n'en a cure. L'avertissement silencieux est assez clair et l'affrontement semble maintenant inévitable. Elle regagne ses appartements.

DIMANCHE 15 OCTOBRE 1200

Les choses ont continué à se dégrader entre Esclarmonde et l'Archevêque Johan de Castelnau, mais la jeune femme a découvert qu'elle n'était pas seule dans cet affrontement, bien au contraire.

Tous les gens de la Maisnie du Baron méprisaient ces prêtres qui profitaient ouvertement des largesses du Baron, de sa tolérance face à leurs comportements envers les pauvres hères qu'ils sont sensés conduire dans le royaume de Dieu. « Aimez-vous les uns les autres » prenaient pour eux une signification particulière, teintée d'inconduites et de gravelures.

Ce matin, en aidant sa maîtresse à s'habiller, Mary, sa dame d'atour lui parle d'autres manières de croire en un Dieu juste et de l'honorer hors de ces cafards de l'église. Une nouvelle religion, plus humaine, plus proche de Jésus se répand dans le pays, avec ses rites particuliers, et des comportements basés sur la continence, l'humilité et le respect de l'autre et non sur la magnificence et la jouissance sans réserve de tous les biens terrestres. Esclarmonde a déjà entendu parler de cette autre religion de tolérance, mais elle ne s'y est jamais intéressée. Sa révolte contre ces ecclésiastiques qu'elles considéraient comme des parasites ne s'étendait pas à l'Eglise de Rome, mais à ses représentants-là qu'elle jugeait comme des hommes mauvais. A les voir, presque chaque jour, rôder dans les couloirs du château, elle les avait démasqués, avec leurs vices masqués sous les discours alambiqués, leurs mensonges, le décalage entre les appels à la vertu dont ils abreuvaient tout un chacun et la lubricité la plus débauchée dans laquelle ils se complaisaient à l'abri derrière les volets feutrés de leurs logements. Elle ne comprenait pas l'attitude de son mari envers ces menteurs arrogants. Il avait toujours l'air absent, lui qui pourtant avait su faire preuve de tellement de compréhension, de patience, de douceur au début de leur vie commune. Elle s'était abandonnée à lui, s'était même offerte avec un tel bonheur. Elle avait connu la délectation la plus enivrante sous l'audace de ses caresses. Il avait su faire monter son désir, puis son excitation jusqu'à la conduire à des successions de petites morts extrêmes. Il avait su lui faire même oublier qu'elle était la boiteuse. Il lui avait donné le pouvoir sur toute sa Maisnie. Du moins, elle l'avait cru jusqu'à ce qu'elle se rende compte que le vrai pouvoir était entre les mains de ces parasites en robes noires. Aujourd'hui, elle ne le reconnait plus. Il semble toujours embarrassé face à elle. Elle découvre que sa maison est en fait un monde de trahisons, de petites bassesses, de mesquineries. Heureusement que Mary est là pour la réconforter, pour lui apporter un peu d'espoir. Comment pourrait-elle continuer à vivre dans cette atmosphère si sa dame d'atour n'était pas là pour l'accompagner, pour la soutenir. Une fois prête, elle descend le petit escalier. Ses pas claudicants résonnent presque bizarrement dans le silence qui règne encore à cette heure matinale. Elle se dirige vers la chapelle, comme tous les matins pour la première messe. Elle est dans un état second, elle se sent si seule, comme si elle était invisible, comme si elle évoluait au sein d'un épais brouillard. Elle est triste. Elle est redevenue la boiteuse…

MERCREDI 20 DECEMBRE 1200

Elle se dirige d'un pas décidé vers le cabinet de son mari. Qu'importe qu'elle en ait le droit ou non, mais trop, c'est trop ! Elle doit le voir. Immédiatement. Rouge de fureur, elle ne sentait même pas la froidure de ce petit matin d'hiver. Elle ne se donne pas la peine de frapper l'huis lorsqu'elle pénètre hors d'haleine dans l'aula. La jeune servante qui attendait pour desservir que le Baron est terminé sa tasse pousse un cri et renversa son plateau. Henry lève brusquement la tête. La domestique, percevant le danger de cette confrontation se hâte vers la porte et s'éloigne rapidement. Son mari lui jette un regard dénué d'aménité.

- Qu'avez-vous fait de ma dame de compagnie ?
- Je crois que les gens d'armes de la prévôté se sont assurés de sa personne tôt ce matin.
- Et de quoi l'accuse-t-on ?
- Elle a été vue participant à une de ces messes païennes que les hérétiques organisent dans le bas du village.
- Et en quoi est-ce condamnable ?
- Le père Giraud, le secrétaire de l'Archevêque Johan estime que ces impies ont une mauvaise influence sur les vrais chrétiens et il ne croit pas que l'appartenance de votre dame d'atour à cette cabale soit d'une bonne influence sur vous.

Esclarmonde lui jette un regard plein de toute la morgue qu'elle ressent. Ainsi, c'est cette bande de cafards dépravés qui cherche à l'atteindre une nouvelle fois. Cet Archevêque se révèle un manipulateur hors pair.

Son intelligence est capable de tout, pourvu que ses privilèges soient maintenus. Son mari est totalement sous sa coupe et il le manipule à sa guise sans même que celui-ci s'en aperçoive. Ce n'est plus l'homme attentif et aimant qu'elle a épousé mais un pantin servile de cette Eglise qui se veut omnipotente, loin des préceptes de tolérance dans lesquels elle a été éduquée. Elle se dit qu'elle devra être rusée si elle veut pouvoir observer les concepts de bien qui l'ont formée tout en respectant ses vœux de vivre auprès de son époux.

Henry est tout de même surpris par l'esclandre d'Esclarmonde, surpris et troublé. Il l'observe un moment et la trouve belle dans sa colère, avec ses yeux flamboyants. Il retrouve dans cette expression, la même émotion exacerbée, que celle qui l'avait traversée lorsqu'il l'avait vu la première fois à Haut-Castel lors de ce tournoi à l'adoubement de Ferdinand de Boismirail. Elle a ce regard si transparent, si proche de son âme qu'il sent sa colère refluer. Joli souvenir. Il y a encore une minute, il aurait été prêt à la faire jeter dehors par ses gardes, à lui infliger mille tourments pour qu'elle baisse les yeux. Quelle bizarrerie que les sentiments humains.

Il lui assure d'une voix calme et qu'il souhaite rassurante qu'elle aura céans une autre dame de compagnie. Il s'y engage. « Fournie avec la bénédiction des vautours noirs qui gouvernent réellement cette place » lui lance-t-elle avec mépris. Il sait qu'elle a raison, qu'il délaisse beaucoup de choses sans importance pour pouvoir chasser à sa guise, mais ses gens ne sont pas malheureux sur le domaine. Il est assez riche pour se laisser aller à des largesses avec les prélats et acheter des indulgences pour l'au-delà. Sans un mot de plus, Esclarmonde tourne les talons et il entend, avec un petit pincement au cœur, ses claudications s'éloigner dans le corridor…

LUNDI 08 JANVIER 1201

Esclarmonde est pensive. Les fêtes de fin d'année sont passées et l'an 1201 vient de démarrer. A quatre jours de son anniversaire, 21 ans déjà, elle a la sensation d'être prise dans le tourbillon du temps qui passe. Entre l'organisation des repas de Noël, du nouvel an et de l'Epiphanie, elle n'a pas eu le temps de se poser. A la faveur des fêtes religieuses, les prêtres ont renforcé leur mainmise sur l'administration du château et elle a dû subir leur présence permanente. Ses rapports avec Henry sont restés ce qu'ils étaient déjà, polis mais distants, vides de toute tendresse. Il semble ne vivre que pour chasser, quel que soit le temps. Il exploite toutes les techniques qu'il a apprises de son père, il sait se poster pendant des heures dans des affûts pour tuer une biche ou encore poser des pièges pour attraper des lièvres. Mais il se fait de plus en plus rare dans la chambre d'Esclarmonde. Heureusement il a la délicatesse de ne pas montrer son dédain lorsqu'ils sont en public. La seule personne qui lui manifeste un peu d'intérêt est Gondran, le vieux châtelain qui la traite avec un réel amour filial. C'est souvent lui, qui d'un mot gentil ou une plaisanterie complice qui fait apparaître sur le visage de la jeune baronne un petit sourire de connivence. Et puis, il y a les quelques troubadours que son mari tolère lors des évènements, mais ceux-ci sont de plus en plus rares, à cause de la censure des prélats.

Elle souffre sans se plaindre de cette ambiance délétère. Heureusement, elle aime toujours le village, les gens y sont accueillants envers elle. Le respect que les habitants ont pour elle va bien au-delà de celui dû à la femme du seigneur, « la dame du château » comme ils disent, mais bien à Esclarmonde, en tant que personne. Elle se sent fière de cette estime. C'est un village où, malgré les rigueurs de cet hiver, les gens n'ont pas faim. Les récoltes y sont abondantes sur cette terre riche. Nulle maladie grave ne vient décimer la population. Albine, la nouvelle demoiselle de compagnie que son mari (et ses prélats) a trouvée pour elle, dépose une nouvelle bûche dans la cheminée. C'est une jeune femme du village, assez fade et manifestement dévouée à Henry, probablement une de ces jeunes naïves qui ont partagé sa couche à la suite d'une beuverie. Elle a froid et malgré le feu, elle n'arrive pas à se réchauffer.

Elle décide de sortir, pour bouger un peu et en saisissant son mantel de laine, elle congédie Albine. Celle-ci se crispe un peu, masque fermé et sourcil froncés, mais elle ne dit rien et se retire en silence.

Elle se dirige vers les écuries. A son approche, les chevaux s'ébrouent. A ce moment, un homme sort d'un box et il la dévisage avec surprise. Par ce froid, il ne pensait pas que la baronne se risquerait à sortir. Il lui sourit et son visage s'allume et son regard pétille. Il ne pouvait avoir meilleure occasion. Le froid a vidé les ruelles et cette écurie déserte est un très bon rempart contre les indiscrets. Elle examine l'homme avec plus d'attention, elle ne le connait pas. C'est un grand bonhomme cabossé, avec un regard d'aigle, aiguisé et presque pointu, des sourcils broussailleux, très rapprochés. Ses mains sont des mains calleuses de paysan, habituées à manier toute sorte d'outil, par n'importe quel temps. Malgré son aspect, ou peut-être grâce à lui, Esclarmonde le trouve sympathique, presque attachant sous son air bourru.

- Madame, je suis un ami de Mary, je m'appelle Enguérand. Elle pense encore beaucoup à vous et elle est en bonne santé.
- Qu'est-ce qu'elle devient ? Est-elle bien ?
- Elle a rejoint une communauté de parfaits à trois lieues d'ici.
- De parfaits ?
- Ce sont les prêtres de cette nouvelle religion.
- Et tu sais où les trouver ?
- Oui, Madame.
- Et…euh… serait-il possible de…
- Je vais demander à quelqu'un de venir vous donner des nouvelles.
- Merci Enguérand.

Son regard pétille de joie. Enfin, un peu de chaleur humaine dans toute la grisaille de sa vie. En s'emmitouflant plus chaudement dans sa pelisse, elle retourne au château d'un pas vif, presque joyeux. Elle abordera le repas avec le cœur un peu plus léger…

CHAPITRE 5

APPRENTISSAGE DE LA FOI NOUVELLE

1201

LUNDI 12 MARS 1201

Cela fait plusieurs mois maintenant qu'Esclarmonde tourne et retourne dans sa tête, dans son esprit, sinon dans sa chair, les propos tenus par Enguérand dans l'intimité des écuries. Ils résonnent en elle, tout comme ceux de Mary. Elle est sans nouvelles des uns et des autres. Elle en est un peu blessée. Elle est allée plusieurs fois aux écuries sous prétexte de surveiller la santé de Midas, mais n'a pas pu discuter avec le palefrenier. Elle a entendu différentes choses sur cette nouvelle religion, sur le refus de ces derniers d'utiliser les objets classiques du culte, des images divines, et autres, mais ces propos suffisants étaient proférés par les tenants de l'église corrompue par l'opulence affichée. Ces médisances étaient généralement ponctuées de grands éclats de rires gras et d'œillades salaces vers les gens du peuple qui les servaient. Ils étaient destinés à railler et souvent dans la bouche des prélats « officiels ». Ils ne cherchaient qu'à dévaloriser les pratiquants dont ils gaussaient la pauvreté et le désintérêt pour les richesses en expliquant qu'ils se détournaient, en fait, des choses qu'ils n'avaient pas et n'auraient bien sûr jamais, en raison de leur médiocrité. Pourtant, malgré l'absence de nouvelles de sa dame d'atour, ce que celle-ci lui avait dit contenaient une telle bienveillance, un tel rejet du mépris des autres et du malin qu'ils continuaient aujourd'hui encore à servir de baume adoucissant à sa vie. Parfois, elle était tiraillée par un désir de son mari lorsque le souvenir des premiers mois de vie avec lui revenait en mémoire et ce qu'elle vivait maintenant. Certes, il venait encore parfois visiter sa couche, mais ses assauts n'étaient plus jamais tendres, mais au contraire lubriques et souvent violents. Il brutalisait sa poitrine et labourait sa matrice avant de se retirer sans un mot, sans une once de considération. Il ne cherchait qu'à avoir un fils pour lui succéder, mais ses menstrues ne s'interrompaient toujours pas.

Elle veut profiter du temps clément, presque printanier et quitte sa chambre pour descendre jusqu'au village. Voir des gens, les entendre rire, les voir vivre tout simplement lui semble un bon moyen de combattre cette sorte de mélancolie perpétuelle dans laquelle elle refuse de se morfondre. Le chemin est presque sec, les plaques de boues n'ont pas résisté au premier soleil. Une jeune femme, un peu timide s'approche d'elle en souriant et lui propose de la suivre. Esclarmonde la regarde avec une surprise un peu méfiante. Elle la trouve très belle, de cette beauté innée de la jeunesse. Elle respire lentement et son regard brillant montre son anxiété d'avoir osé aborder ainsi la baronne. Esclarmonde sourit devant la détresse de sa locutrice et un éclair de soulagement illumine les prunelles de la paysanne.

- Comment te nomme-t-on ?
- Je suis Clarabelle, fille d'Enguérand le palefrenier et de Gontrande, la tisserande. Ma mère vous attend. Je devais aller au château vous chercher et je suis bien aise de vous rencontrer céans.

Cheminant l'une derrière l'autre à cause de l'étroitesse de la venelle qui longe les locaux occupés par les artisans, elles arrivent dans un très grand atelier de tissage, encombré de rouets, de fuseaux et de panières débordantes de laine. Dans un coin de la pièce trône un gros métier à tisser. Un petit groupe de femmes discute autour d'une sorte de panier

d'osier où gigote un nouveau-né. Celle qui semble être sa mère est toute en rondeurs avec un visage jovial, ses yeux sont brillants de fierté. A l'arrivée d'Esclarmonde, toutes se taisent et une matrone se détache du groupe pour venir accueillir les arrivantes. C'est une grande femme dans la quarantaine, visiblement marquée par les difficultés de la vie. De petites rides au coin des yeux lui donnent un visage agréable et très ouvert. Elle avait dû être une très belle brune aux yeux clairs. Elle personnifie la sensualité avec sa silhouette souple et ses formes plantureuses. Le dessin de ses lèvres est juste parfait et la hauteur de ses pommettes arrondies renforce son regard doux. De son bonnet, s'échappent quelques mèches déjà blanchies. Malgré sa grande beauté, elle porte un bliaud simple et sans forme qui masque son corps comme dans un sac. Elle sourit à Esclarmonde, ajoutant quelques petites ridules d'expression autour de sa bouche et l'invite à entrer pour partager avec toutes les autres un peu de lait de brebis caillé, parfumé aux amandes et au miel. La jeune baronne savait que chez de nombreux artisans se développait la nouvelle foi et que l'église les persécutait chaque fois que c'était possible. Elle remercie avec chaleur son hôtesse pour la qualité de son accueil et lui demande doucement si elle partage les croyances de son ancienne dame de compagnie.

- Mary est une complice de longue date. Elle nous a dit le plus grand bien de vous. Par ailleurs, nous avons quelques amis dans votre mesnie qui nous ont aussi éclairés à votre propos. Nous connaissons vos escarmouches contre les représentants de l'église de Rome.
- Et vous pourriez m'en dire plus sur cette croyance ?
- Bien sûr, c'est pourquoi j'ai mandé ma fille de vous querir. Accepteriez-vous de partager notre repas ?

Toutes les autres femmes se sont retirées avec le petit enfant et il ne reste dans la pièce que la petite Clarabelle, discrète et silencieuse, écoutant la conversation. Gontrande, de sa démarche féline, conduit Esclarmonde dans une pièce attenante où une grande planche en bois, posée sur deux tréteaux fait office de table. Deux grands bancs robustes complètent cette salle à manger rustique. Alors que la jeune femme s'installe, la petite lui sert de l'anguille et des panais pendant que sa mère explique que dans cette croyance, on ne mange pas de viande, mais du poisson, en hommage à Jésus et à la pêche miraculeuse du Lac de Tibériade. Elle dit aussi combien les adeptes de cette nouvelle religion sont de plus en plus nombreux dans toute l'Occitanie, que leur piété est simple, que la possession de biens matériels ne les intéresse pas. Ils refusent d'être traités de menteurs par ceux-là même qui vivent en contradiction avec la foi qu'ils prônent. Elle explique qu'elle n'est qu'une matriarche qui veut que sa fille et peut-être ses petits enfants soient juste élevés dans une foi pure et proche des enseignements originaux de la chrétienté. Ce disant, elle jette à Clarabelle un regard plein de douceur et d'amour. Esclarmonde est subjuguée par cette grande et belle femme dont les propos empreint de douceur et de bon sens résonnent avec le message de tolérance transmis par ses parents. Etaient-ils des hérétiques ? Qu'importe puisqu'ils étaient justes !

En quittant l'atelier pour rentrer au château, elle se promet de questionner jour après jour, Clarabelle, Enguérand, Gontrande, toutes celles et tous ceux qui lui permettront de mieux assimiler les fondements de cette nouvelle croyance, et peut-être grâce à cela de pouvoir comprendre l'église de Rome et le contenu des évangiles. Elle comprendrait peut-être enfin pourquoi la bonté divine tolérait les débordements de ses prétendus serviteurs.

C'est le cœur léger et rempli de projets qu'elle retrouve l'intimité de sa chambre.

MERCREDI 18 AVRIL 1201

Ce matin, lorsqu'Esclarmonde ouvre ses yeux, elle réalise que ses menstrues ne sont toujours pas là. La dernière fois que son ventre a saigné, c'était plus de deux semaines avant sa visite chez Gontrande et il s'est écoulé pratiquement deux lunes depuis cette date. Une pensée plutôt agréable s'insinue doucement dans son cerveau. Elle est grosse !!! Sa chute de cheval ne l'a donc pas empêchée d'être une vraie femme. C'est la revanche de la boiteuse !! Elle appelle Albine et lui demande de faire venir Thaïs, la sage-femme pour un examen. Si seulement, cela pouvait être possible ! Si elle pouvait enfin mettre bas d'un enfant, et même d'un garçon ! Elle pourrait peut-être retrouver l'estime d'Henry. Elle attend avec impatience le verdict de l'apothicaire. Ensuite alors, elle avertira Henry.

C'est positif !!! Le verdict de Thaïs est sans appel, elle est grosse !!! Elle file vers les appartements du Baron, rencontre en chemin le vieux Gondran. Elle lui annonce qu'il va être grand-père. Dans un geste impulsif de tendresse, il la serre contre sa poitrine encore large et solide. Ils sont aussi surpris l'un que l'autre par cet élan spontané et passé le premier instant de stupéfaction, ils éclatent de rire ensemble. Elle apprend qu'Henry est à la chasse pour la journée, mais qu'il sera sûrement heureux de cette nouvelle. En se retournant, elle croise le regard désapprobateur du père Giraud qui ne goûte guère leur apparente complicité.

Elle se dirige alors vers les écuries et croise Clarabelle. Sa mère souhaiterait qu'Esclarmonde passe à l'atelier en début de cet après-midi, elle pourrait faire une belle rencontre. Intriguée, elle remonte se changer pour descendre au village. Finalement, malgré le joli temps, elle ne sortira pas Midas, ce qui vaut peut-être mieux d'ailleurs, elle est maintenant habitée.

Lorsqu'elle arrive à l'atelier, il y a déjà plusieurs personnes qui bavardent tranquillement. Tout le monde ici connait Esclarmonde et l'accueille avec une grande gentillesse, pleine de respect et d'amitié.

Gontrande est en conversation avec un homme mûr qui lui adresse de loin un sourire avenant. La maîtresse du lieu se retourne et vient au-devant de sa visiteuse, son joli visage exprimant une joie tranquille. Elle lui présente son interlocuteur comme étant Sigismond, un parfait qui vient de Monteynard leur rendre visite et les informer sur sa pratique religieuse. L'homme lui parait fatigué et son surcot porte la poussière des chemins qui l'ont conduit jusqu'à Puysségur. Il porte de longs cheveux, grisonnants qui lui tombent sur les épaules. Son regard est encadré par de petites pattes d'oie qui en adoucissent un peu l'éclat, mais il reste perçant et trahit une intelligence vive et un esprit agile, probablement curieux de tout. Ses mains calleuses sont celles d'un travailleur manuel. Gontrande explique que l'homme est une référence dans de nombreux domaines, depuis le droit coutumier jusqu'à la théologie. C'est un grand privilège de pouvoir l'écouter. Le parfait rougit un peu sous le dithyrambe.

S'éclaircissant la voix, il commence alors à expliquer sa vision religieuse. Il expose que leur croyance est ancienne et vient de très loin en Europe. Que depuis plus d'un siècle, elle se répand depuis la Champagne où l'évêque de Chalons a essayé de la réduire. Dans la ville de Liège, les chanoines affirmaient déjà redouter ce qu'ils nommaient la main perfide de l'hérésie, bête à multiples têtes ! Il avait quinze ans lorsque son père l'a conduit au grand rassemblement de Saint Félix de

Lauraguais, c'était en 1167. Il a assisté au prêche de Nicétas. Il était là lorsque Sicard Cellérier devint le premier évêque dissident d'Albigeois par l'imposition des mains de ce même Nicétas, auteur de la précieuse charte. Mes sœurs et mes frères, poursuit-il avec douceur, souvenons-nous que nous ne sommes que poussière et que nous redeviendrons poussière. Ne nous laissons pas pervertir par le venin de Rome, notre vraie foi est l'antidote à ce poison ! Jésus, qui naquit dans une étable a-t-il besoin du faste d'une cathédrale pour être honoré ? Son ton se fait alors plus grave lorsqu'il accuse les hommes de l'église de Rome de trahir les Evangiles, de donner à ses textes une explication faussée et tendancieuse. Ils traitent d'hérétiques tous ceux qui vivent dans la vraie parole et qui la dispensent autour d'eux, loin des fastes et des richesses derrière lesquels ils dissimulent leurs mensonges. Le réel enjeu est le combat auquel se livrent deux conceptions du monde, celle de la Foi véritable et celle du diable ! Ne croyez pas que Judas ait trahit le Christ, bien au contraire, il l'a aidé en lui permettant de quitter son enveloppe charnelle et de libérer son âme. Il a permis au Dieu véritable de lui offrir la perfection. Judas est le seul qui a reçu la connaissance absolue. C'est le seul qui a été choisi pour révéler la vérité sacrée, celle des temps anciens, celle que nos pères prêchaient avant nous et que nous perpétuons aujourd'hui. Il s'arrête pour boire un peu d'eau et il reprend. Notre église ne prélève pas de dîme et nous vivons dans la pauvreté. Mais cette pauvreté est la plus belle forme de liberté qui soit car elle est notre choix. Son allant retombe un peu et toute l'assistante, accrochée à ses paroles peut voir quel effort il fait. Certains, comme vous, nous ouvrent leurs granges, d'autres ordonnent leur vie en suivant l'étroit passage du choix de Dieu dans une recherche de perfection morale. Ils appartiennent tous à notre église vraie, celle qui pérégrine sur les sentiers escarpés de la vertu, celle qui bannit toute violence car rien ne peut la justifier aux yeux du Père Saint. Les représentants de Rome nous traitent d'hérétiques, nous n'en sommes pas ! Par contre, et nous le revendiquons, nous sommes des dissidents !

Esclarmonde est subjuguée par le discours si juste de cet homme bienveillant qui a rejeté toute envie d'enrichissement personnel. Ses paroles sont paroles de libération et elle comprend alors que tous ce que les prélats présentent comme une évidence n'est en fait qu'une manipulation des esprits pour masquer la vérité et conserver leur pouvoir. Elle a réalisé aujourd'hui que les dieux chrétiens et les dieux dissidents sont les mêmes, mais que la façon de les comprendre est différente. Un seul Dieu et moult archanges. Quand les vrais croyants ne cherchent qu'à se purifier pendant l'enfer qu'est la vie pour atteindre dans la mort la fin de la perversion, les catholiques ne cherchent au contraire que la résurrection. Elle sent une poussée de révolte en elle et en même temps, elle est porteuse d'une espérance nouvelle. Machinalement, elle se joint au groupe qui, à la fin du prêche, va plier le genou et s'incliner trois fois devant cet inconnu.

Heureuse de sa journée, elle salue tous les participants et se hâte de rentrer au château pour annoncer à Henry qu'il va enfin être père ! Elle espère au fond d'elle que les relations avec lui vont changer, que lors de ses rares passages par sa couche, il ne la pénètrera plus sans préambule pour jouir d'elle en quelques soubresauts de fin de beuverie, mais qu'au contraire, ils pourront à nouveau cheminer ensemble dans la jolie complicité du début de leur mariage.

VENDREDI 25 MAI 1201

Un violent coup de dague dans les reins arrache Esclarmonde à son sommeil agité. Le souffle coupé par la brûlure, elle met un long moment à retrouver ses esprits. La peur commence doucement à s'insinuer. Depuis deux ou trois jours, elle a remarqué que sa couche portait de petites traces de sang le matin, mais il n'y avait, pensait-elle, rien d'exceptionnel. Pourtant, elle appelle sa dame de compagnie et lui demande d'aller chercher Thaïs. Ce soudain pincement commence à l'inquiéter. Son ventre a commencé à prendre une jolie courbure et elle est fière de l'exhiber. C'est la réponse de la boiteuse aux prélats. Elle essaie de se lever, mais elle découvre qu'elle en est incapable. Elle se sent nauséeuse et en proie à des étourdissements dès qu'elle essaie de poser un pied au sol. Elle est à deux doigts de perdre conscience. Enfonçant sa tête dans son coussin, elle respire lentement et ferme les yeux. Imaginant qu'elle est dans une clairière, en bordure d'un ruisseau, elle recrée dans son esprit le bruit de l'eau qui chante doucement. Elle se laisse lentement fondre dans cette vision. Elle se tranquillise, son souffle se régule, sa douleur et ses nausées refluent. La tension entre ses seins se relâche progressivement. Lorsqu'arrivent Albine et l'apothicaire, elle se sent à peine un peu mieux. Soulevant couverture et chainse, les deux femmes découvrent qu'Esclarmonde baigne dans une large tache d'un sang brun, sombre, avec de nombreux caillots. Une forte odeur d'urine montre que sa vessie l'a trahie. La sage-femme court chercher des herbes contre la douleur pendant que la dame de compagnie s'empare d'un broc d'eau et d'un chiffon propre pour laver le bas-ventre souillé. Toutes les trois ont compris le drame qui vient de se jouer. La jeune baronne ne mettra jamais bas et elle pleure toutes les larmes de son corps.

Sa vie vient de basculer.

CHAPITRE 6

CONSOLAMENTO

1201

SAMEDI 8 SEPTEMBRE 1201

Cet été chaud continuait de gaver de soleil la vigne et les champs, mais Esclarmonde ne prenait plus le temps de l'apprécier. Depuis ce vendredi maudit, depuis ce 25 Mai qui avait ruiné tous ses espoirs. Elle avait pensé vivre plein de jolies choses avec son enfant. Cela ne serait point. Ses rires qu'elle n'entendrait jamais, ses premiers pas, ses premiers vagissements, puis ses premiers mots, rien de tout cela n'aurait jamais lieu. La boiteuse n'aurait en aucune façon son ventre habité de vie. Elle aurait voulu être morte, ce jour damné !

Elle ne peut plus rester à Puysségur ! Les relations avec les prélats se sont fortement dégradées au rythme de ses visites chez Gontrande. Quant à la vie avec Henry, elle est quasi inexistante depuis ces derniers mois. Ses espoirs de paternité ayant été pour lui aussi anéantis, il en tient fortement grief à sa femme au point qu'elle se sent même menacée dans sa vie. Elle est devenue très prudente dans ses déplacements. Là encore, ce sont les femmes du village qui l'ont exhortée à prendre soin d'elle et à rester attentive pour ne pas faire de « mauvaises rencontres ». Pour elle, la mort aurait été une sorte de délivrance, mais elles l'ont convaincue qu'elle pouvait être une ambassadrice du bien, que les dissidents avaient besoin de bonnes femmes comme elle pour prêcher aux autres la vraie parole du Dieu ancien et des Saintes Ecritures originelles. Elle devait rester dynamique pour combattre l'infamie de l'église de Rome qui empêche la divulgation de la foi authentique. La possibilité de lutter contre l'ignominie insolente des prélats avaient été l'argument décisif et Esclarmonde avait alors décidé que ce serait dorénavant le sens de sa vie. La partie de son cœur, qui n'était pas complètement anéantie par la douleur, serait dès lors vouée à cette tâche.

Voilà pourquoi, elle est là, avec, au creux de son ventre cette étrange sensation d'une mission à accomplir. Elle s'est chaudement vêtue, en cachette de sa camériste toute dévouée au châtelain et a préparé, dans le plus grand secret, un petit sac avec quelques vêtements et ses quelques bijoux. Elle va fuir ce lieu maudit avant que son mari et ses prêtres ne décident de s'emparer d'elle et de la consigner sous surveillance dans un recoin du château. Ses visites au village deviennent difficiles et font souvent l'objet d'un véritable interrogatoire sur un ton de plus en plus hostile. Sur ses gardes, elle veille bien à ce que ses réponses ne leur servent pas de prétextes pour envoyer des inquisiteurs s'emparer de ses amis. Dans sa nouvelle vie, elle n'aurait pas besoin de s'encombrer de biens matériels.

La route jusqu'à Boismirail est longue et elle espère être loin quand on s'apercevra de sa disparition. Elle ne veut pas s'encombrer de nombreux bagages. La pénombre qui l'entoure au milieu de la nuit lui permettra de gagner les écuries sans rencontrer âme qui vive. Le silence la conforte dans l'idée que tout le monde dort. La main crispée sur la dague qu'elle a glissée dans sa ceinture, elle rabat sur son front le capuchon du mantel. La voix insinuante de la peur lui dit que c'est folie de quitter le château en pleine nuit et de partir à travers les forêts, sur des chemins qui risquent d'être pleins de coupe-gorge. Elle chasse cette pensée en repensant à l'époque lointaine où son mari était tendre et à ce que sont devenues ses étreintes qui ont tué en elle tout désir charnel. Si elle devait s'interroger sur le bienfondé de sa fuite, la réponse est là, évidente.

Resserrant autour d'elle son manteau de laine, elle s'enfonce dans l'obscurité et rejoint Enguérand qui l'attend avec Midas, son Camargue et Jubal, le fils de Flèche, la jument du Baron Henry. Gontrande a exigé qu'il accompagne Esclarmonde jusqu'à chez elle. Elle vivra désormais dans une communauté de son village natal, près des siens où elle sera en sécurité. Elle sait que son père, le Baron Guy de Boismirail n'est plus de ce monde. C'est son frère, le Chevalier Ferdinand, qui est désormais le maître du château où il veille sur leur mère. Il a épousé, il y a deux ans déjà Clothilde de Fanjeaux qui lui a donné le petit Eloi. Au fond d'elle, elle est pressée aussi de jouer son rôle de tante.

Aussi silencieusement que possible, ils se mettent en route sans tarder, marchant aux cotés de leur monture, nez dans leurs manteaux et capuchons rabattus. L'air est encore chargé des senteurs du jour, lavande, sarriette, thym, fragrances délicates qui leur arrivent par bouffées au gré de la brise légère, malgré la fraîcheur de cet air métallique. Après une demi-heure de marche, ils sautent en selle pour s'éloigner d'un trot soutenu. Malgré leur désir de prendre du champ le plus vite possible, ils veillent à ne pas trop fatiguer leurs chevaux.

Lorsque le soleil se lève, les murailles grises du château de Puysségur ont disparu. Le regard d'Esclarmonde se perd au loin, vers les collines vertes qui l'appellent. Elle s'interroge une nouvelle fois sur son choix, sur son rejet de la vie facile. Elle sait qu'elle a besoin de liberté dans ses actes, dans ses choix de vie. Elle n'est pas faite pour se plier aux injonctions de cette église corrompue. Elle a essayé, mais s'abîmer dans les prières n'a pas étanché sa soif de vie. Devant elle s'étend un long ruban de coteaux s'éveillant sous le soleil levant et chaque lieue parcourue augmente sa sensation de liberté, de bien-être. Elle distingue dans le lointain un petit lac encore embrumé mais qui se révèle au fur et à mesure que les premiers rayons du soleil réveillent les canards qui dérivent tranquillement à sa surface. C'est presque le temps des vendanges et la chaleur commence à se faire plus pesante.

Ils chevauchent longtemps, perdus dans leurs pensées. Ils repèrent un petit bois de pins au bas d'une descente. Quand ils s'engagent dans le pinhadar, une agréable sensation de fraîcheur leur tombe sur les épaules. Ils entendent le bruit cristallin d'un petit cours d'eau et un petit banc de sable. Ils font une petite halte pour que les chevaux se désaltèrent pendant qu'ils ôtent manteaux et écharpes pour les rouler derrière la selle. Enguérand lui tend une gargoulette et elle étanche sa soif avant qu'il ne la porte lui-même à ses lèvres pour boire à longs traits. S'allongeant sur un tapis de fougères et d'épines sèches, ils se laissent aller à contempler un bout de ciel bleu dans une trouée entre les hautes branches. Le reste d'humidité du sol traverse leurs vêtements et les rafraîchit agréablement. Comme l'arrière-saison est belle, son ciel de cristal allume les bois et les champs. Il leur reste environ trois lieux à parcourir. Si Dieu le veut, ils arriveront à Boismirail avant la fin de l'après-midi, avant que la luminosité ne décline de minute en minute.

Lorsqu'ils arrivent en vue du domaine de Boismirail, ils voient des paysans qui, malgré la chaleur, travaillent sur leurs terres, achevant les récoltes au milieu des chants sonores des grillons. Sourcils froncés et lèvres pincées, ils observent ces deux cavaliers couverts de poussière avant de reconnaître une Esclarmonde, épuisée mais resplendissante de plaisir de les revoir. Ils s'inclinent alors pour l'accueillir dans de grandes démonstrations de joie. Le chemin jusqu'au château se déroule comme dans un rêve pour elle. Les odeurs, les lumières, les paysages, la silhouette du château, les visages de ses amis sont autant de baumes sur les douleurs de ces dernières années. La nouvelle de son retour se propage comme le feu dans un bois sec.

Lorsqu'ils arrivent dans la cour encombrée par les tentes et les étals de la foire du second samedi de chaque mois, ils sont acclamés par les artisans, par les clercs, par les marchands dont beaucoup sont ceux qui ont couru par les bois et les champs avec celle qui était la petite châtelaine et que tout le monde aimait. Tous, ou presque, ont vécu avec elle historiettes et anecdotes, souvenirs d'une jeunesse heureuse et souvent insouciante. C'est un joyeux tohubohu que découvre sa mère, son frère et son épouse descendus l'accueillir sur le perron. Derrière eux, se tient une Brunegude radieuse. Elle qui l'a mise au monde et sur laquelle les ans ne semblent pas avoir de prise. Le petit Eloi se débat pour descendre des bras de Daphné, sa nourrice. Une fois posé par terre, du haut de ses treize mois, il dodeline d'un pied mal assuré à un autre pied aussi mal assuré pour se cacher dans les plis de la robe de Clothilde, sa mère, épouse de Ferdinand avant de se laisser tomber assis. Tout le monde s'esclaffe.

Esclarmonde, toute à sa joie et vaincue par la fatigue ne voit pas que dans la foule un jeune chevalier la dévore du regard….

SAMEDI 13 OCTOBRE 1201

Un mois ! Déjà ! Cela fait plus d'un mois qu'Esclarmonde est revenue à Boismirail et elle a l'impression d'être arrivée hier...ou de n'être jamais partie ! Elle n'habite pas au château, mais dans une petite maison à la lisière sud du village. Elle a fait beaucoup de travaux pour la rendre habitable, avec un toit réparé qui ne laisse plus l'eau raviner sur les murs. Tout a été nettoyé avec soin et les quelques jointures défaillantes ont été remplies de torchis. La petite tour d'escalier menant à l'étage a aussi été rénovée et Esclarmonde avait pu s'installer dans l'aula, sa pièce à vivre au-dessus de la grande salle du rez-de-chaussée. Dans cette grande pièce, des femmes du village viennent pour tisser, broder ou simplement parler avant de partir visiter les plus indigents. Elles portent là un bol de soupe et ici une décoction de simples préparée par la miresse du village ou par la jeune Fancine que l'apothicaire forme pour la remplacer. La vie s'écoule avec une douce lenteur et Esclarmonde se sent bien ici. Elle est à sa place et sa vie basée sur l'aide aux autres a un sens.

Aujourd'hui est un jour important. Profitant de la foire mensuelle et du monde que celle-ci draine de toute la région, l'évêque dissident Guilhabert de Fanjeaux, oncle de Clothilde, l'épouse de Ferdinand, est venu à Boismirail pour célébrer le Consolamento de Tristan de Bray, Chevalier de Naucelle et parrain d'Esclarmonde. Celui-ci après avoir été pendant dix ans proche des chevaliers de l'ordre du temple avait décidé de ranger son épée et de mettre sa conscience au service de la religion vraie. Il venait de terminer son noviciat et allait donc recevoir le seul sacrement de sa nouvelle religion. La pièce étant trop petite pour accueillir tous ceux venus pour l'occasion, ils avaient envahis la ruelle. La foule s'étire maintenant jusqu'à la place centrale. Tous les amis de Tristan sont présents, accoudés sur les rebords des fenêtres, obstruant les pas de

porte, battant le pavé dans un calme respectueux et recueilli. Les paysans aussi sont là, triturant fébrilement leur bonnet, cheveux et ongles propres. Les femmes, attentives à ne rien manquer de la cérémonie, ont mis leurs plus belles robes auxquelles sont accrochés des enfants un peu effrayés par la foule. Tristan est agenouillé devant l'évêque Guilhabert, entouré de ses deux diacres, le fils Majeur et le fils Mineur. Celui-ci d'une voix claire et forte, retentissant dans le silence, s'adresse alors au Chevalier :

En vous présentant devant nous, confirmez-vous votre foi en la véritable église de Dieu selon ce que les divines Ecritures donnent à entendre ?

Je la confirme !

Par ces Ecritures, il est donné à entendre que le Père Saint veut avoir pitié de son peuple. Es-tu prêt à une telle démarche ?

Je le suis !

La raison pour laquelle vous comparaissez aujourd'hui devant nous est-elle de recevoir la sainte oraison pour pouvoir prêcher la miséricorde que le Père Saint accorde à son peuple ?

Telle est bien la raison !

Alors, pour que tu puisses nous apprendre ce que tu sais et nous faire aimer ce que tu aimes, reçoit ainsi le Consolamento et soit sauvé !

Un long moment de recueillement partagé suit ces propos. La cérémonie est terminée. Puis, doucement les gens se dispersent, retournant pour les uns à la foire, pour les autres chez eux. D'autres s'approchent pour toucher la tunique de Guilhabert, de ses diacres ou de Tristan. Tous ont rendez-vous sur l'esplanade Nord du château où, malgré les réserves de l'évêque, Ferdinand a fait dresser une table du partage pour que chacun puisse se servir en légumes, poissons ou pain. Il a veillé à ce qu'il n'y ait pas de viandes de façon à respecter les croyances des dissidents. Des cruches de vin miellé et de bière sont aussi à discrétion.

Quelque chose vient de se produire dans cette ferveur populaire. Esclarmonde se sent transportée et demande à l'évêque de lui permettre d'entrer en noviciat. Celui-ci lui assure que le moment venu, il fera appel à elle, mais que pour l'instant, il souhaite qu'elle vive encore un peu dans le respect des croyances. Il souhaite qu'elle comprenne bien les principes de vie que Sigismond de Monteynard lui a exposés à Puysségur. Alors, dans quelques temps, il sera heureux de l'inclure dans un noviciat puis de lui donner le Consolamento.

Esclarmonde sent soudain que son cœur est serré, comme dans un étau. Elle n'a pas entendu la fin de la réponse de l'évêque. Dans la foule qui continue de se disperser, elle croit avoir reconnu la silhouette de Conrad de Lusignan, l'alter égo d'Henry.

CHAPITRE 7

LA VIE QUOTIDIENNE

1202

LUNDI 15 OCTOBRE 1201

Depuis son retour dans son village natal, Esclarmonde sent qu'elle est enfin à sa place, que son cœur, que son corps, que sa vie est en accord avec cette terre, avec le domaine tout entier. Elle en est imprégnée. Toutes les questions qui la taraudaient à Puysségur ont disparu et elle revit. Dès son arrivée, la vue des paysans, occupés dans leur champ ou dans leur potager, la vue des artisans, bavardant sur le pas de leurs ateliers après la journée de labeur, toutes ces images, à la fois familières et rafraichissantes lui avaient apporté une quiétude qui ne la quittait plus.

Après le Consolamento de samedi, elle a décidé de faire des aménagements dans sa maison. Elle sera désormais un lieu refuge pour qui en aura besoin. Elle sait, pour avoir discuté longuement avec Sigismond de Monteynard lors de son passage à Puysségur et surtout avec Guilhabert, l'évêque dissident, que des Bons Hommes et des Bonnes Femmes circulent beaucoup dans cette région de prêche et de développement de l'Eglise du vrai Dieu. Elle les recevra et leur offrira gîte et couvert pour le temps de leur passage à Boismirail. Elle espère secrètement apprendre de ces itinérants, aux cheveux longs et à la mise noire et modeste, comment devenir une bonne novice. Elle sait que leur prédication rencontre un grand écho chez les gens de cette terre d'Oc car, contrairement aux représentants de Rome, leurs propos sont simples et en harmonie avec leur vie. Leur église ne prélève aucun impôt et ne mendie pas. Ils invitent à partager leur croyance par leur simple exemple de vie et non par la menace de quelconques représailles divines. Leur foi n'est pas un dogme qui exige une dévotion corps et âme de ses adeptes, mais juste une proposition de vie différente et plus en communion avec les premiers évangiles.

Elle va donc installer un grand dortoir dans une des salles de l'étage, avec des châlits et des litières confortables. Elle va aussi réserver une pièce attenante pour l'étude, la prière et les commentaires sur les écritures saintes. Elle installera sa chambre dans un petit appentis sous les combles. Peu lui importe le manque de confort, c'est là qu'elle logera, sur sa paillasse et sa lourde couverture de bure. La surface au rez de chaussée sera à la fois la salle à manger, la cuisine et le lieu de vie collective. Les tisserandes pourront continuer à confectionner des balandrans, ces manteaux si pratiques pour affronter pluies et vents. Le produit de leur vente paiera la nourriture.

Ce midi, elle annonce à ses amies venues la rejoindre pour le repas son intention de faire des travaux et elle explique son projet. Entre les brèmes et les truites grillées, elle développe son idée avec un enthousiasme qui emporte sans difficulté l'adhésion de toutes. Quand elle a fini, elle est spontanément applaudie par l'assemblée.

Dans l'après-midi, elle monte au château. Elle aime bien sa belle-sœur avec qui elle a beaucoup bavardé depuis son arrivée. Elle est heureuse de la voir respirer le bonheur auprès de Ferdinand et du petit Eloi. Elle va aussi embrasser Marguerite sa maman.

Pendant le dîner, elle expose à son frère son projet de maison d'accueil pour les chrétiens dissidents. Il lui dit que d'autres maisons de ce type existent déjà dans des villages alentours et qu'il va l'aider pour le financement de celle-ci car il pense qu'à Boismirail, il faut un établissement pour aider les plus pauvres. Evidemment, après un moment de silence, le père Jérôme, le vieil abbé du château argumente en affirmant que l'église de Rome subira un manque à gagner si un autre lieu de culte est possible. Ferdinand se retourne lentement vers lui. D'une voix douce, mais d'un ton cinglant, il rappelle au prélat qu'il est ici chez lui. Les décisions concernant son territoire sont de sa responsabilité et non de celle de Rome ! Un silence glacial suit cet échange bref, mais sans appel. Du coin de l'œil Esclarmonde voit la mine réjouit de Brunegude, la miresse. Elle comprend que ce n'est pas la première fois que le prêtre essaie d'influencer son frère, mais que celui-ci, contrairement à Henry, tient sa place. Elle sourit à l'apothicaire, avec tendresse. Des bouffées de souvenirs remontent. Celle-ci l'a faite naître, s'est toujours occupée d'elle avec dévouement et tendresse. Elle a été présente aux moments les plus difficiles de sa vie. Certes, elle porte maintenant quelques séquelles dues à son âge, mais l'énergie qui pétille dans son regard est intacte. Elle sent qu'elle sera, solide et efficace, à ses côtés si l'antagonisme avec les prélats s'intensifie. L'aide dont Esclarmonde va bénéficier de la part de son frère ne contredit pas la règle de pauvreté qu'elle s'est fixée. Sa croyance n'impose rien et notamment pas le dénuement. Cet appui va être utile à toutes et à tous.

Heureuse de se savoir soutenue, elle regagne sa maison et, après une brève toilette à l'eau froide, elle se glisse bien au chaud sous son édredon.

Depuis qu'elle ne craint plus la brutale irruption dans sa couche d'un mari aviné, elle apprécie la nudité. C'est comme une offrande secrète, une sorte de cadeau qu'elle se fait à elle-même depuis qu'elle a accepté de se réconcilier avec son corps. Il lui a fait subir tant de déboires, mais il lui a aussi offert de jolis cadeaux. Sa suractivité, son travail acharné au service des autres, ne suffit plus à combler les manques de sa vie. Lorsqu'elle se couche nue, le contact rugueux de sa paillasse rustique sur sa peau est une sorte d'hommage à sa sensualité. Autant tout désir d'offrir sa matrice à un homme est aboli, autant le besoin d'une bouche chaude dessinant des arabesques tendres sur sa peau est redevenu présent. Elle désire des mains douces massant tendrement ses pieds fatigués, écartant ses orteils un à un pour en chasser toute trace de lassitude, massant sa plante en l'étirant doucement. La joie qu'elle éprouve à vivre ici a ouvert une porte intime que la vie à Puysségur avait refermée. C'est par ces sensations délicates que Morphée s'empare d'elle et la conduit dans un paradis onirique…

SAMEDI 22 DECEMBRE 1201

Tous ont en tête l'approche de Noël. Les chrétiens de Rome se préparent à la rupture de leur jeûne du mois de l'Avent. Dans les forêts et les bois du domaine, touffus et giboyeux, les femmes et les enfants ont commencé à ramasser des branches de lierre et de houx. Ils serviront à décorer la maison pendant les jours de repos jusqu'à l'Epiphanie. Les hommes ont aussi préparé les pièges et les hameçons. Son frère, tout comme son père avant lui, ferme les yeux sur le braconnage, sur le ramassage du bois mort et sur la pêche pendant cette période de l'année où le froid est plus vif. Les gens peuvent ainsi se chauffer plus facilement et améliorer leur repas avec des poissons frais sans trop entamer leur réserve de fèves et de racines engrangées pour passer l'hiver.

Aujourd'hui, le temps est sec sous un petit soleil d'hiver. Une troupe mi-troubadours, mi-comédiens se produit sur le parvis de la chapelle. Malgré le froid, Ferdinand a permis l'installation de bancs pour que chacun puisse assister à ces petites scénettes qui reprennent des passages de la liturgie de Noël. La maison d'Esclarmonde est devenue une ruche où les prédicateurs dissidents se succèdent. Profitant de la présence de nombreuses personnes venues assister aux fêtes données pour la naissance du Christ, ils haranguent la foule dans des homélies enflammées, permettant à tout un chacun de connaître cette religion nouvelle qui, selon Rome « se répand comme la peste ». Trouver de la nourriture et préparer les repas pour que chacun puisse manger à sa faim et supporte les rigueurs de temps est une activité à plein temps, les dissidents ne pratiquent aucun jeûne particulier car pour eux tout ceci n'a pas de sens et il faut donc cuisiner soupe et poissons.

Les prélats du Pape donnent aussi de la voix. On parle du passage imminent d'un dénommé Dominique de Guzman, un redoutable prédicateur catholique qui pourrait passer pour un dissident car il a l'intelligence de se comporter en bon chrétien et de vivre dans le dénuement, loin des fourrures et des ors des évêques. Contrairement à eux, il ne menace pas non plus, pècheresses et pécheurs, des foudres divines et ses prêches touchent un large public. C'est aussi l'approche d'une période de repos. Avec l'hiver, les travaux aux champs sont réduits et le soleil se couche plus tôt, raccourcissant les journées et rallongeant les nuits. Partout, des petits groupes se réunissent, s'apostrophent et rient ensemble. On sent dans les ruelles du village une atmosphère de liesse, un parfum de gens heureux.

En cette fin d'après-midi, avant de se lancer dans la préparation des soupers, Esclarmonde marche un peu dans le village. Elle échange quelques mots avec un petit groupe ici, et là, quelques plaisanteries avec un autre. Dans la cité, elle connait beaucoup de monde et elle est appréciée pour sa simplicité, pour sa façon d'écouter avec gentillesse les petits malheurs de chacune et chacun, et pour sa manière de chercher des solutions pour aider. Animant la rue où elle s'engage, les bruits de ripaille des estaminets semblent couler des lueurs chaudes de leurs fenêtres. Tout le monde ne jeûne pas et des odeurs de cuissots rôtis envahissent ses narines. Le rire gras d'une ribaude jaillit d'une porte ouverte où une brune vulgaire et probablement ivre trempe le téton de son nichon exhibé dans la chope du soudard qui la porte sur ses genoux. Elle voit aussi une grande blonde, qui porte des hanaps de bière jusqu'à un groupe de joyeux drilles. Sa façon sensuelle de se faufiler entre les tables déclenche une foule de quolibets paillards et des mains se posent furtivement sur ses fesses. Bonne fille, elle s'attarde un peu pour faciliter la caresse avant de poursuivre sa progression. Son visage couvert de taches de rousseur arbore un sourire franc et il se dégage de toute sa personne un charme troublant. Poursuivant sa route, elle débouche sur une placette où un jongleur itinérant fait danser un ours au son de sa chalemie. Le public rie devant la maladresse pataude de l'ursidé.

Plus loin, passant devant l'église pour rentrer tranquillement chez elle, elle se fige. Dans le petit groupe de personnes qui discutent sur le parvis se détache le père Giraud, secrétaire de l'archevêque Johan de Castelnau. Un froid glacial monte dans ses jambes, la clouant sur place.

Le sang frappe ses tempes et un début de migraine commence à poindre poussé par une émotion destructrice L'homme la regarde avec une gravité empreinte de toute la haine qu'il développe à son encontre. Un vague sourire satisfait flotte sur son visage. Elle reste plantée et au-delà de la peur, la colère commence à prendre le dessus. Ce porc imbu de sa personne, ce foutu traître, ce diacre aux ordres, est venu pour essayer de la retrouver en profitant des attroupements festifs. Est-il venu seul ou avec une troupe chargée de l'enlever pour la reconduire de force auprès de son mari. Elle se souvient de la silhouette de Conrad, aperçue lors du Consolamento. Cela fait beaucoup de concordance. Soudain inquiète, elle tourne rapidement les talons pour regagner sa demeure. Elle court presque quand, au détour d'une maison d'angle, elle rencontre le Chevalier Guilhem de Jabrun et les deux jeunes gens restent figés un court moment. Un flot de souvenirs remonte brutalement dans son esprit, sa chute, la gentillesse du garçon, leur amour inavoué mais si présent dans leurs silences denses pendant ses visites. Elle le dévisage, muette et si profondément troublée. C'est un bien bel homme, avec sa barbe joliment taillée, sa chevelure impeccablement coiffée et ses vêtements de bonne coupe. Il lui sourit gentiment. Après la terreur qu'elle vient de vivre, c'est une autre émotion violente qu'elle subit. Elle se jette à son cou de façon impulsive, sans réfléchir. Il l'accueille avec douceur et lui accorde accolade. Ils se tiennent par les mains, incapable de se séparer. Puis elle lui parle, elle lui dit ses malheurs à Puysségur, son bonheur d'être revenue, elle parle, elle parle encore. Elle évacue sa peur, sa joie de le voir, signe du destin, elle parle encore et encore. Guilhem, bien que profondément touché lui aussi, comprend que son amie est bouleversée, mais il ne discerne pas pourquoi. Sa rencontre avec lui ne peut pas avoir produit cette réaction. Il la serre doucement contre lui et lui caresse les cheveux en lui délivrant doucement des paroles apaisantes. Il la raccompagne jusqu'à chez elle avec toute la prévenance dont il est capable. Arrivée à la porte, elle le plante là et grimpe les étages pour se cacher au fond de son grabat dans un geste puéril de négation de la réalité. Elle finit par s'endormir, terrassée par les tous ces bouleversements et en gardant la peur au ventre…

SAMEDI 12 JANVIER 1202

La période des fêtes s'est achevée avec l'Epiphanie, le 6 janvier, il y a presqu'une semaine et l'apathie semble être tombée sur le village. Le froid aidant, les rues sont quasi désertes et seules quelques tavernes gardent un peu d'animation nocturne. La maison d'Esclarmonde s'est aussi vidée de ses pensionnaires. Le chevalier Guilhem est passé plusieurs fois lui rendre une petite visite pour s'assurer qu'elle allait bien. Ses rencontres la rendaient heureuse et la rassuraient. Aujourd'hui, elle s'est levée pour rafraîchir la peinture d'un petit local où les filles entreposent des pièces de tissu et qui pourrait devenir une sorte de salon d'essayage pour les prêtres dissidents qui voudraient acheter un balandran confectionné avec l'épaisse toile tissée sur place. Elle s'attelle à la tâche avec ardeur.

Puis, après s'être changée, elle se rend pour dîner au château avec ses proches. Guilhem de Jabrun est présent aussi, à coté de Tristan de Bray. Cela fait exactement 22 ans aujourd'hui qu'elle est venue au monde dans la chambre de l'étage. Sa mère, Marguerite la regarde avec tendresse. Elle se rappelle de ce jour comme si c'était la veille. Elle revoit Brunegude tenant le petit corps vagissant autant qu'elle pouvait et tout rouge sous l'effort.

Les prestations de quelques troubadours égaient ce repas plein de bonne humeur et de joie de vivre. Le petit Eloi tient la vedette en venant se poser avec un aplomb tout relatif au pied d'un musicien qu'il regarde comme un géant. L'homme, manifestement surpris, pose son instrument et prend l'enfant sur ses genoux pour raconter une belle histoire d'animaux. Ferdinand annonce qu'il sera contraint de faire de son fils, un trobar, déclenchant l'hilarité. Clothilde et Daphné ont toutes les peines du monde à récupérer le bambin, fier d'être le point d'attraction de toute la tablée.

A la fin du repas, Guilhem la raccompagne jusqu'à sa demeure. « Pour des questions de sécurité » explique-t-il, mais personne ne semble dupe…

Au fond d'une taverne de la ville basse, un homme chahute un peu une ribaude qui, sourire provocateur aux lèvres, se penche exagérément pour déposer devant lui son hanap de cervoise. Elle dévoile une poitrine généreuse dont les seins blancs semblent appeler la main de l'homme. Il lui attrape prestement le bras. En riant, elle s'installe sur ses genoux et le laisse explorer son corps ferme. Il y a peu de clients et la moindre petite pièce est bonne à prendre. Soudain la porte s'ouvre et un autre homme apparait sur le seuil. La serveuse est durement éjectée des genoux de son client. On lui demande de servir une autre bière et de dégager. Vexée, par la méchanceté de ces rustres, celle-ci s'exécute. Elle laisse trainer une oreille indiscrète, mais les deux hommes sont méfiants et c'est à peine si elle entend ce qu'ils disent. Elle reconnait l'un d'eux, c'est le Baron Logan de Morlhon, celui qui avait rejeté la jeune Esclarmonde alors qu'il devait l'épouser avant sa malencontreuse chute de cheval. Tout le village s'était senti insulté par l'attitude de ce mufle.

Elle croit cependant entendre le mot assassinat à plusieurs reprises mais elle ne sait pas qui est la cible. Elle croise le regard dur de celui qu'elle ne connait pas et s'éloigne un peu. Par la fenêtre des cuisines, elle voit un cheval dont la selle présente un blason qu'elle connait pour l'avoir déjà vu, mais elle est incapable de se rappeler où et quand. Ainsi, l'inconnu au visage dur serait un étranger ? Quelle curieuse période pour voyager. Elle se dépêche de retourner en salle pour renouveler les consommations des deux hommes. Dehors, un volet frappe violement sur le mur, poussé par une bourrasque de vent. Le claquement fait sursauter tout le monde. D'autres clients s'engouffrent dans la salle et s'installent bruyamment à une table. Une once de contrariété passe dans le regard des deux complices. Ils se dépêchent de terminer leur conversation et jetant quelques pièces sur la table, ils se dirigent vers la sortie. La serveuse entend au passage le mot de « Puysségur ». Bien sûr ! elle se souvient d'avoir vu ce blason à plusieurs reprises lors du départ de la petite Esclarmonde pour son mariage. Elle ne comprend pas de quoi il s'agit. Elle ne cherche pas plus longtemps car ses clients réclament son attention. Ils ont faim et soif et le manifestent bruyamment.

Arrivés à la maison, Esclarmonde montre à Guilhem comment elle a employé son temps aujourd'hui. Elle se sent un peu fatiguée par sa journée de peinture. Elle est contente du résultat. Demain, il restera quelques petites finitions à effectuer pour que le vestiaire d'essai et d'ajustement des mesures soit prêt et ses amies pourront l'utiliser. Ils se quittent sur ces paroles.

Elle monte dans sa petite chambre, rejoindre sa zone intime. Elle se dénude, fait une toilette rapide avec de l'eau glacée. Puis elle se glisse avec volupté au creux de sa chaude paillasse et mouche sa chandelle. Sa tête n'a pas encore touché son oreiller râpeux que sans qu'elle s'en aperçoive, ses pensées vont vers un beau et gentil Chevalier…

Elle s'endort, un petit sourire tendre dessiné sur les lèvres….

VENDREDI 25 JANVIER 1202

Le jour est à peine levé quand la jeune serveuse se présente au château pour essayer de rencontrer Ferdinand. Elle est conduite aux cuisines, lieu de rencontre des gens du château. C'est là qu'ils prennent leur repas, qu'ils organisent des veillées pendant l'hiver. Il y a toujours de l'animation autour de la grande cheminée où stagnent toujours des odeurs particulières. Le fumet des brouets se mêle aux senteurs de châtaignes grillées dans la cendre chaude.

Les murs sont recouverts de toutes sortes d'ustensiles, formant ainsi une décoration assez esthétique. Une femme blonde et solide lui sourit avec amabilité et lui donne un bol de bouillon pour qu'elle se réchauffe. Elle a mis sa plus belle robe, bien sûr, pour se donner du courage, mais malgré cela, elle, si bravache dans son auberge, se sent soudain intimidée. Lorsque, au bout d'un long moment d'attente, on la conduit dans les couloirs du château jusqu'à la salle de réception où l'attends le Seigneur, elle sent ses jambes flageoler. Elle tremble de partout « au-dedans ». Enfin, son guide et elle, débouchent dans une grande pièce. Le Baron est confortablement installé dans un fauteuil de velours vert sombre. Sur une table à côté de lui se trouve une corbeille avec quelques pommes et un bol fumant. Il sourit quand la serveuse s'approche. Il lui désigne un tabouret face à lui. Elle se sent pataude et complètement paralysée devant lui. Certes, il accepte de la recevoir, mais elle ne sait pas comment elle doit se tenir, comment parler à un tel personnage. Elle ressent un tel écart entre eux. Elle se pose sur le bord du siège d'un air gauche, incapable d'articuler le moindre mot. Le Baron est conscient de son malaise, mais sa gentillesse et son affabilité finissent par la mettre un peu à l'aise et elle explique ce qu'elle a entendu dans la taverne, il y a presque deux semaines. Elle sait qu'elle aurait dû venir plus vite, mais elle avait si peur. Il l'écoute attentivement et pose quelques questions. Plus la jeune femme raconte et développe, plus le visage de Ferdinand se ferme. A la fin de l'entretien, il la remercie chaleureusement de lui avoir fait confiance. Nul ne saura ce qu'elle lui a confié. Il va s'occuper de protéger sa sœur de son mieux. Il la rassure et il sort de son gousset une petite bourse qu'il lui offre avant de la faire raccompagner. Avant de sortir, elle fait une révérence maladroite encore un peu surprise d'avoir réussi à se confier à ce gentil seigneur. Elle rentre à la taverne des soleils dans les yeux...

Au château, elle est à peine sortie de la pièce que Ferdinand demande à son écuyer d'aller prévenir Guilhem de Jabrun, son jeune frère Crespin ainsi que Pierre de Lagueyte, son maître d'armes et Tristan de Bray, le parrain d'Esclarmonde. Il les veut pour déjeuner à midi dans le petit salon, sans témoin. L'écuyer comprend qu'il se passe quelque chose de grave. Il se retire rapidement pour aller informer discrètement les quatre hommes de la convocation du Baron.

SAMEDI 09 FEVRIER 1202

Aujourd'hui, c'est le jour de la foire mensuelle. Les nombreux visiteurs

venus au village pour les fêtes de la chandeleur, il y a quelques jours ont littéralement vidé les réserves de farine, de grains et de poissons de la maisonnée des tisserandes. Les prélats catholiques et les bons hommes dissidents ont prêché tour à tour avant de se restaurer. Les tavernes de la ville ont tourné à plein régime. Selon la coutume, les paysans ont payé, au seigneur Ferdinand, leur redevance annuelle et offert les trois têtes de cochons, le première tenant dans sa gueule une saucisse et une pomme, la deuxième, les cinq pièces d'argent et la dernière, la crêpe traditionnelle. Ainsi, l'année sera belle et les récoltes généreuses. Tout le monde, ou presque étant reparti, la maison a retrouvé un peu de calme et Esclarmonde se rend sur le grand marché pour refaire quelques réserves. Circulant entre les étals, elle ne sait pas qu'une dizaine de paires d'yeux ne perdent rien de ses faits et gestes. Cette surveillance n'était pas sans risque et tous ses acteurs n'avaient qu'une seule obsession, se fondre autant que faire se peut dans le paysage, tout en étant prêt si nécessaire à saisir la bonne opportunité pour agir. Comme toujours, il règne cette ambiance à la fois bruyante et chaleureuse des lieux où le commerce est roi. Les négociations sont apparemment âpres, mais elles se concluent toujours par la cordiale poignée de mains valant contrat. La foule est nombreuse et cela donne lieu à quelques bousculades. Au passage de la jeune femme, une silhouette se détache du poteau derrière lequel elle s'était dissimulée. Elle devient quasiment l'ombre d'Esclarmonde. L'homme encapuchonné s'approche doucement de sa cible et libère discrètement une longue dague de son fourreau. Il la serre fermement dans son poing, tout en la dissimulant à la vue de tous. Soudain, d'un pas plus vif, il se précipite sur Esclarmonde pour planter son poignard. Sa charge, bien que très rapide, ne l'est cependant pas assez pour lui permettre d'éviter l'épée de Guilhem qui l'embroche promptement avant qu'il n'atteigne sa cible. Il meurt les yeux pleins de points d'interrogations. Tout s'est déroulé très vite, à peine quelques fractions de seconde et la jeune femme est toute surprise quand Crespin saisit son bras pour l'éloigner.

Au même instant, Pierre de Lagueyte abat sa hache sur le crâne de Logan de Morlhon au moment où celui-ci s'apprêtait « à finir le travail ». Réalisant que l'attentat était en train d'échouer, Conrad de Lusignan, essaie de fuir, l'épée de Tristan de Bray le cueille au vol et le traverse de part en part. Ses sourcils broussailleux renforcent son air hébété….

Les gens d'armes du Baron, sur son ordre, interviennent alors pour évacuer alors qu'Esclarmonde est conduite sous bonne garde au château. Bouleversée par l'attentat auquel elle vient d'échapper, elle y retrouve son frère et ses protecteurs.

EPILOGUE

LE CHOIX

JEUDI 14 FEVRIER 1202

Esclarmonde

Heureuse ! Elle croyait qu'elle était heureuse et qu'elle pourrait enfin trouver la paix. Balivernes !

A peine 6 mois qu'elle construisait son bien-être et on a cherché à la tuer !

Pourquoi ? Quel mal faisait-elle ? Elle ne demandait rien d'autre que d'aider les gens autour d'elle et on a cherché à la tuer.

Depuis l'attentat, elle n'est pas ressortie de sa maison et elle réfléchit. Petit à petit, elle commence à comprendre que ce n'est pas qu'une question de religion. Ses croyances nouvelles présentent évidemment un danger politique. Tout n'est qu'un problème de pouvoir et elle a bafoué deux pouvoirs trop imbus d'eux-mêmes pour accepter la défaite. D'abord, cette satanée église traditionnelle qui cherche, de plus en plus, à gérer la vie privée des gens en règlementant même les relations au sein des couples, en imposant le mariage comme un sacrement. Elle ne peut pas tolérer que cet aspect de la vie échappe à leur contrôle. L'archevêque ne pouvait accepter une situation qui mettait en échec le système juste qu'il incarnait. Et d'autre part, son mari, qui en tant qu'homme, ne peut accepter de ne pas dominer la femme, celle qui était son épouse. Elle prétend choisir de vivre sans lui et surtout sans lui donner l'enfant auquel il a droit. Aucune de ces deux forces ne pouvait tolérer cet état de fait et elles se sont unies pour envoyer ses assassins, Conrad, le très chrétien ami intime de son époux et Logan, celui qui avait rejeté la boiteuse. Elles se sont alliées pour recruter un commando de tueurs et rétablir l'ordre en éliminant celle qui le bafouait. Certes, elle les a vaincues puisqu'elle est vivante, mais pour combien de temps. Elle se sent perdue. Elle se demande comment choisir sa voie, comment choisir sa vie ! Elle ne peut pas s'amender et retourner sous la coupe de l'église, ni sous celle de son mari. Alors quoi ? Débuter le plus rapidement possible son noviciat et recevoir le Consolamento qui lui assurera de périr et de se sauver éternellement par la nouvelle foi ?

Mais, elle ! Que veut-elle vraiment ? Veut-elle servir d'arbitre entre des forces politiques ou religieuses qui la dépassent ? Pourquoi ne pourrait-elle pas simplement être femme ! Elle sait bien qu'elle ne pourra jamais être mère, mais femme ? Elle a bien vu dans le regard du gentil damoiseau qui lui a sauvé la vie pour la seconde fois qu'elle pouvait être encore jolie et désirable. A cette seule évocation, une poussée de désir la parcourt. Elle rougit et cherche à se calmer. Mais c'est comme si une digue venait de lâcher. Elle sent qu'elle se noie dans des rêves du corps musclé de ce Chevalier dont le regard l'obsède déjà. Elle se noie dans des tentations de peau sur la sienne, de ses mains sur son corps qui se rend sans même livrer une petite bataille de pudeur. Elle se noie dans l'amour qu'elle ne veut pas s'avouer pour Guilhem, un amour pourtant fait de confiance, un amour plein de reconnaissance. Elle a déjà changé plusieurs fois de vie. Elle a abandonné ses habitudes de châtelaine. Elle a renoncé à sa façon de se nourrir, de se vêtir. Pourrait-elle le faire à nouveau s'il le demandait ? Et en a-t-elle envie ? C'est avec soulagement qu'elle a quitté le rôle de femme du Baron de Puysségur, les messes du matin où les discours des officiants n'étaient que mensonges et flagorneries à écouter dans un silence poli, les réceptions au château où les hommes ne savaient que parler guerres, chasses et bonne fortune féminines. Et puis ces tentatives pour accéder à la vérité, d'abord avec la généreuse Mary, sa dame de compagnie que son mari a chassé du château, puis Enguérand et son épouse, le gentil couple qui ne parlait que vérité. Et enfin, cette fuite éperdue pour arriver ici et devenir la cible de tueurs vindicatifs.

Elle est perdue, comme si elle était à la croisée de plusieurs chemins de vie. Elle remonte dans sa chambre et se laisse tomber sur sa paillasse…

Guilhem

Il se déshabille et se glisse avec une volupté non dissimulée dans le baquet d'eau tiède. Quel bonheur ! Il a l'impression que celui-ci va le débarrasser de tout ce que son esprit contient d'embarras, de pensées contradictoires, de désirs inavoués (sinon inavouables). Il inspire profondément l'odeur du savon et croit y discerner des soupçons de rose, de jasmin, de lavande...

Il se laisse aller…

Depuis l'attentat, il est en proie à des peurs inattendues, pas pour lui, mais pour Esclarmonde. Il n'est pas redescendu jusqu'à chez elle, mais elle n'est pas non plus montée au château. Il l'a appris par Brunegude qui est allée la voir pour vérifier qu'elle allait bien, qu'elle n'avait pas de séquelles après sa frayeur de samedi. C'est elle qui lui a dit sur le ton de la confidence qu'elle était en train de s'étioler, victime d'un mal que l'on nomme mélancolie.

A cette pensée, il ressent un mélange étrange de sensations. Il y a de la colère face à ceux qui lui ont infligé tant de douleurs, de l'impuissance face aux chemins tortueux de la destinée qui lui ont donné à deux reprises l'occasion de lui sauver la vie. Il revoit l'adolescente au corps brisé qu'il a ramenée au château, il y a maintenant presque sept ans. Grâce à elle, il est devenu le Chevalier de Jabrun. Il sait que le château de son père a été abandonné par les seigneurs de langue d'oïl qui l'avaient investi. Il avait perdu son père dans cette bataille et n'était jamais retourné à Jabrun. Il est pourtant redevenu propriétaire du domaine par un édit pris par son suzerain, le comte de Lodève, Jean de Haut-Castel en janvier 1201.

Malgré lui, il repense à Esclarmonde, à sa chevelure abondante, à ses seins ronds et fermes qui ont, une fois, frôlé sa main, à sa silhouette fine, mais musclée, qui plus d'une fois, l'avait troublé…et le trouble encore. Certes, elle boitait un peu. La belle affaire ! Dès le premier regard qu'il avait posé sur elle, son cœur s'était emballé et depuis, il n'avait pas ralenti. Les relations, qu'il entretenait avec elle, s'étalaient dans le temps. Elle avait été tour à tour présente ou distante, inaccessible ou fragile. Il n'avait jamais rien dit, gardant ses joies de la voir ou sa tristesse de la regarder partir enfermées au fond de lui.

Il pense que tout le monde n'a pas forcément la chance de rencontrer celle qui vous transperce le cœur d'une dague ciselée. Tout le monde n'a pas forcément la chance de pouvoir conquérir celle qui vous a transpercé le cœur avec cette fameuse dague. Il est sûr d'une chose, c'est le prénom « Esclarmonde » qui était ciselé sur la dague qui a transpercé le sien !

Il réalise qu'il ne peut plus continuer ainsi, à abriter dans sa poitrine un cœur porteur d'un amour trop grand de n'être pas déclaré, de n'être pas partagé. Il a trop perdu de temps ! Il n'arrive pas à ne pas penser à elle, à imaginer qui elle voit, ce qu'elle fait. C'était déjà le cas pendant ces années où elle était loin.

Il sort de son bain, et choisit son plus joli surcot. Il jette rapidement quelques provisions dans un cabas et saisit un grand flacon de vin. Il va aller voir Esclarmonde et dîner avec elle.

Esclarmonde et Guilhem

Lorsqu'il arrive devant la maison d'en bas, il est surpris par le silence et par le fait qu'aucune lueur ne provient de l'intérieur. Est-elle sortie ? Les tisserandes sont-elles déjà parties ? C'est vrai que la nuit est tombée depuis un moment. Il frappe néanmoins à l'huis et voit la lueur d'une chandelle qui éclaire la petite fenêtre de la chambre d'Esclarmonde. Il patiente le temps qu'elle vienne déverrouiller la porte en frappant dans ses mains et tapant du pied pour se réchauffer. Le printemps est encore loin et ce soir, il gèle. A peine la porte ouverte, la jeune femme s'écarte vivement pour le laisser entrer. La grande pièce est glaciale et ils décident de raviver le feu mourant dans la grande cheminée. Posant son sac et son flacon sur une planche servant de table, il fait glisser une grosse bûche dans la cheminée et souffle dessus pour raviver les braises. Une série de jolies flammes crépitent bientôt, éclairant l'endroit de couleurs chaudes. Il n'a pas vu que la jeune femme est restée près de lui et lorsqu'il se relève et se retourne, leurs deux visages sont proches. Leurs lèvres se trouvent avant même qu'ils y pensent, qu'ils aient le temps de dire un mot. Ils sont isolés dans un cercle de lumière et de chaleur. Il sent les seins ardents pointer contre son torse et il la serre plus fort encore contre lui. Cet instant est un moment magique. Leurs bouches sont chaudes, gourmandes, sucrées. La clarté mouvante des flammes semble habiller leurs corps d'un flot de caresses hésitantes. Ils sont enfin seuls au monde, tous les deux, au cœur de ce cercle d'intimité. Ils se séparent enfin, surpris par ce qui vient de se passer. Le visage attentif d'Esclarmonde fascine, et accapare tous les sens de son tendre ami. Il prend ses mains dans les siennes et elle rougit en balbutiant des mots inaudibles, un peu perdue. Elle ne sait plus quoi faire, quelle posture adopter. En elle se livre un âpre combat entre pudeur et désir, entre vertu et tentation, entre convenance et attirance. Elle lui lance un coup d'œil et rencontre son sourire plein d'affection et de tendresse. Un délicieux trouble se change lentement en une excitation ténue, mais insistante et appuyée, et soudain, tout est balayé. Guilhem se penche sur sa nuque et sous sa bouche, un frisson parcourt la jeune femme dont le corps réagit violemment au contact de cette peau qu'elle a attendue si longtemps. Ses aréoles durcies déforment légèrement sa chainse, trahissant la liberté de ses seins nus et libres. Alors, il dénoue avec douceur les liens qui la retiennent. Lorsque le tissu s'écroule à ses pieds, Esclarmonde apparait nue et il la contemple, muet et ému par sa beauté. Il se dénude alors rapidement et Esclarmonde voit palpiter la racine de chair du chevalier. Elle l'empoigne et la dirige lentement en son jardin secret. Leurs fragrances se mêlent dans un subtil cocktail d'érotisme et de sensualité.

Un long moment après, ils s'installent nus, l'un contre l'autre, sous la même couverture pour manger les provisions apportées par Guilhem.

Celui-ci explique à Esclarmonde qu'il ne veut pas la voir partir une nouvelle fois. Il n'est pas très riche, mais ils pourraient, si elle le veut bien, vivre ensemble sur son domaine de Jabrun, loin des intrigues de l'Eglise et de l'abnégation des dissidents. Ils vivraient simplement pour eux, pour le plaisir de dormir l'un contre l'autre, pour le plaisir de se réveiller l'un contre l'autre, pour que son premier regard, son premier sourire le matin soit pour elle. Il n'exige rien, il ne lui impose rien, il veut juste ne plus la quitter et partager avec elle ses journées, dans la difficulté ou dans la joie. Il pourra tout supporter, tout endurer, tout affronter, juste s'il la sait près de lui.

Elle le regarde longtemps en silence.

Elle a passé tant de temps pour essayer de ne plus être la proie des passions terrestres, et à méditer sur les vérités religieuses, mais cela n'a débouché sur rien, sinon sur une culpabilité à cause de l'enseignement qu'elle avait reçu, à cause des promesses qu'elle avait faites, de servir son mari. Elle avait fini par accepter presque sans s'en rendre compte l'idée de sa propre soumission. Tout cela pour aboutir à cette pitoyable tentative d'assassinat !

Devant l'offre de Guilhem, elle se sent hésiter. Elle ne veut plus être un enjeu entre catholiques et dissidents. Elle est comme une âme perdue. Au fond d'elle, elle se sent prête à tout pour découvrir le bonheur. Elle craint juste de se trouver châtiée par le plus impitoyable des juges qui soient au monde, sa propre conscience. Mais après tout, elle venait de frôler la mort et c'était son beau Guilhem qui lui avait encore une fois sauvé la vie. Que risque-t-elle de plus ?

Elle a conscience qu'elle est à un carrefour des routes. Elle a conscience qu'elle est à un moment où son choix décidera du reste de son existence. Elle n'a pas, elle n'a plus le droit de se tromper.

Ses traits s'éclairent d'un bloc. Sa décision est prise !

Elle va le suivre !!!

Pour conclure cet accord qui ramène en eux l'espoir d'une vie heureuse, ils échangent un baiser profond. Leurs mains se joignent spontanément, leurs yeux se nouent, brûlant d'une émotion commune, avant d'échanger un sourire de connivence…

Demain, ils iront voir Ferdinand, puis ils feront leurs bagages et sans se retourner, ils prendront la route de Jabrun...

Table des Matières

Printed by Books on Demand GmbH, Norderstedt / Germany